고려대 한국어

고려대학교 한국어센터 편

2B

中文版

KU PRESS
고려대학교출판문화원

책을 내며

고려대학교 한국어센터는 1986년 설립된 이래 한국어와 한국 문화를 재미있게 배우고 효과적으로 가르치는 방법을 연구해 왔습니다. 《고려대 한국어》와 《고려대 재미있는 한국어》는 한국어센터에서 내놓는 세 번째 교재로 그동안 쌓아 온 연구 및 교수 학습의 성과를 바탕으로 하고 있습니다.

이 책의 가장 큰 특징은 한국어를 처음 접하는 학습자도 쉽게 배워서 바로 사용할 수 있도록 구성했다는 점입니다. 한국어 환경에서 자주 쓰이는 항목을 최우선하여 선정하고 이 항목을 학습자가 교실 밖에서 사용할 수 있도록 연습 기회를 충분히 그리고 다양하게 제공하고 있습니다.

이 책을 내기까지 많은 분들의 도움을 받았습니다. 먼저 지금까지 고려대학교 한국어센터에서 한국어를 공부한 학습자들께 감사드립니다. 쉽고 재미있는 한국어 교수 학습에 대한 학습자들의 다양한 요구가 없었다면 이 책은 나오지 못했을 것입니다. 그리고 한국어 학습자들의 요구에 부응하기 위해 열정적으로 교육과 연구에 헌신하고 계신 고려대학교 한국어센터의 선생님들께도 감사드립니다.

무엇보다 한국어 학습자와 한국어 교원의 요구 그리고 한국어 교수 학습 환경을 종합적으로 고려한 최상의 한국어 교재를 위해 밤낮으로 고민하고 집필에 매진하신 고려대학교 국어국문학과 김정숙 교수님을 비롯한 저자분들께 깊은 감사를 드립니다. 이 밖에도 이 책이 보다 멋진 모습을 갖출 수 있도록 도와주신 고려대학교 출판문화원의 윤인진 원장님과 직원 여러분께도 감사드립니다. 그리고 집필진과 출판문화원의 요구를 수용하여 이 교재에 맵시를 입히고 멋을 더해 주신 랭기지플러스의 편집 및 디자인 전문가, 삽화가의 노고에도 깊은 경의를 표합니다.

부디 이 책이 쉽고 재미있게 한국어를 배우고자 하는 한국어 학습자와 효과적으로 한국어를 가르치고자 하는 한국어 교원 모두에게 도움이 되기를 바랍니다. 또한 앞으로 한국어 교육의 내용과 방향을 선도하는 역할도 아울러 할 수 있게 되기를 희망합니다.

2019년 7월

국제어학원장 박성철

이 책의 특징

《고려대 한국어》와 《고려대 재미있는 한국어》는 '형태를 고려한 과제 중심 접근 방법'에 따라 개발된 교재입니다. 《고려대 한국어》는 언어 항목, 언어 기능, 문화 등이 통합된 교재이고, 《고려대 재미있는 한국어》는 말하기, 듣기, 읽기, 쓰기로 분리된 기능 교재입니다.

《고려대 한국어》 2A와 2B가 100시간 분량, 《고려대 재미있는 한국어》 말하기, 듣기, 읽기, 쓰기가 100시간 분량의 교육 내용을 담고 있습니다. 200시간의 정규 교육 과정에서는 여섯 권의 책을 모두 사용하고, 100시간 정도의 단기 교육 과정이나 해외 대학 등의 한국어 강의에서는 강의의 목적이나 학습자의 요구에 맞는 교재를 선택하여 사용할 수 있습니다.

《고려대 한국어》의 특징

▶ **한국어를 처음 배우는 학습자도 쉽게 배울 수 있습니다.**

- 한국어 표준 교육 과정에 맞춰 성취 수준을 낮췄습니다. 핵심 표현을 정확하고 유창하게 사용하는 것이 목표입니다.
- 제시되는 언어 표현을 통제하여 과도한 입력의 부담 없이 주제와 의사소통 기능에 충실할 수 있습니다.
- 알기 쉽게 제시하고 충분히 연습하는 단계를 마련하여 학습한 내용의 이해에 그치지 않고 바로 사용할 수 있습니다.

▶ **학습자의 동기를 이끄는 즐겁고 재미있는 교재입니다.**

- 한국어 학습자가 가장 많이 접하고 흥미로워하는 주제와 의사소통 기능을 다룹니다.
- 한국어 학습자의 특성과 요구를 반영하여 명확한 제시와 다양한 연습 방법을 마련했습니다.
- 한국인의 언어생활, 언어 사용 환경의 변화를 발 빠르게 반영했습니다.
- 친근하고 생동감 있는 삽화와 입체적이고 감각적인 디자인으로 학습의 재미를 더합니다.

▶ **한국어 학습에 최적화된 교수 학습 과정을 구현합니다.**

- 학습자가 자주 접하는 의사소통 과제를 선정했습니다. 과제 수행에 필요한 언어 항목을 학습한 후 과제 활동을 하도록 구성했습니다.
- 언어 항목으로 어휘, 문법과 함께 담화 표현을 새로 추가했습니다. 담화 표현은 고정적이고 정형화된 의사소통 표현을 말합니다. 덩어리로 제시하여 바로 사용하게 했습니다.
- 도입 – 제시 · 설명 – 형태적 연습 활동 – 유의적 연습 활동의 단계로 절차화했습니다.
- 획일적이고 일관된 방식을 탈피하여 언어 항목의 중요도와 난이도에 맞춰 제시하는 절차와 분량에 차이를 두었습니다.
- 발음과 문화 항목은 특정 단원의 의사소통 과제와 긴밀하게 연결되지는 않으나 해당 등급에서 반드시 다루어야 할 항목을 선정하여 단원 후반부에 배치했습니다.

《고려대 한국어》의 구성

▶ **2A와 2B는 각각 5단원으로 한 단원은 10시간 정도가 소요됩니다.**

▶ **한 단원의 구성은 아래와 같습니다.**

▶ **교재의 앞부분에는 '이 책의 특징'과 '단원 구성 표'를 배치했고, 교재의 뒷부분에는 '정답'과 '듣기 지문', '어휘 찾아보기', '문법 찾아보기'를 부록으로 넣었습니다.**

- 부록의 어휘는 단원별 어휘 모음과 모든 어휘를 가나다순으로 정렬한 두 가지 방식으로 제시했습니다.
- 부록의 문법은 문법의 의미와 화용적 특징, 형태 정보를 정리했고 문법의 쓰임을 확인할 수 있는 전형적인 예문을 넣었습니다. 학습자의 모어 번역도 들어가 있습니다.

▶ **모든 듣기는 MP3 파일 형태로 내려받아 들을 수 있습니다.**

《고려대 한국어 2B》의 목표

일상생활에서 자주 접하는 주제인 가족, 여행 등에 대해 이해하고 표현할 수 있습니다. 옷 사기, 축하와 위로하기 등의 기본적인 의사소통 기능을 수행할 수 있습니다. 한국어의 높임말과 반말의 쓰임을 알고 구별하여 말할 수 있습니다.

本书的特点

《高丽大学韩国语》和《高丽大学有趣的韩国语》是遵循“任务聚焦并考虑形式的方法”而开发的教材。《高丽大学韩国语》是涵盖了语言项目、语言技能和文化的综合教材，《高丽大学有趣的韩国语》是听、说、读、写相区分的技能教材。

《高丽大学韩国语》2A和2B包含100小时的教育内容，《高丽大学有趣的韩国语》包含听、说、读、写在内的100小时教育内容。在200小时的常规课程体系中六本书全部使用，在100小时左右的短期教育课程或海外大学的韩国语课程中，可选择符合授课目的或学习者要求的教材使用。

《高丽大学韩国语》的特征

▶ **初学韩国语的学习者也可轻松学习。**

- 配合韩国语常规课程体系，降低了难度水平。以准确、流畅地使用核心表达方式为目标。
- 通过控制所呈现的语言表达方式，减少过度灌输的负担，从而集中于主题和沟通技巧。
- 以清晰易懂的方式呈现，并通过充分的练习，避免学生只停留在理解阶段，使他们可以快速地学以致用。

▶ **实现韩语学习最佳教学成果的课程。**

- 涉及韩语学习者最熟悉和最感兴趣的主题及交际技巧。
- 反映韩语学习者的特点与需求，在教材中做出明确的介绍，并呈现多样的练习方法。
- 及时反映了韩国人的语言生活和韩语语言环境的变化。
- 贴切生动的插画和富有立体感，品味出众的设计，增添了学习的乐趣。

▶ **实现韩语学习最佳教学成果的课程。**

- 教材选用了学习者经常遇到的交际任务。在学习完执行任务所需的语言项目后，即可进行该任务活动。
- 语言项目中除了词汇、语法，还加入了语篇表达。语篇表达指的是一种固定的、定型化的沟通表达方式。通常以整体形式出现，可以直接套用。
- 按“引入-呈现・说明-形式的练习活动-有意义的练习活动”的步骤实现程序化。
- 避免了统一化和千篇一律的方式，按照语言项目的重要度和难易度，在呈现的步骤和分量上做出了调整。
- 发音与文化项目没有与特定单元的交际任务紧密关联，但选定了在该等级必须学习的项目，安排在每个单元的后半部分。

《高丽大学韩国语》的构成

▶ **2A和2B各5个单元，每个单元需学习10小时左右。**

▶ **每个单元的构成如下。**

▶ **教材的前面加入“本书的特征”、“教学大纲”等内容，教材的后面则以附录形式收录了“标准答案”、“听力原文”、“词汇索引”、“语法索引”。**

- 附录中的词汇分别以单元词汇汇总和将所有词汇按照字母顺序排列两种方式呈现。
- 附录中的语法分别对语法的含义、语用特征和形态信息进行了整理，列举出确认该语法使用方法的典型例句。同时，还添加了学习者的母语翻译。

▶ **所有听力内容均可以MP3文件格式下载，供学习者进行听力练习。**

《高丽大学韩国语2B》的目标

能够理解并正确表达家人、旅行等日常生活中经常接触的主题。可以成功完成买衣服、祝贺和安慰他人等基本的交际功能。能够理解并正确地使用韩国语当中的敬语和平语。

이 책의 특징 本书的特点

등장인물이 나오는 장면을 보면서 단원의 주제, 의사소통 기능 등을 확인합니다.
看出场人物出现的场景，确认本单元主题、语言交际技能等内容。

어휘의 도입 引入词汇

- 목표 어휘가 사용되는 의사소통 상황입니다.
  使用目标词汇的语言交际情境。

어휘의 제시 词汇的呈现

- 어휘 목록입니다. 맥락 속에서 어휘를 배웁니다.
  词汇目录。在上下文中学习词汇。
- 그림, 어휘 사용 예문을 보며 어휘의 의미와 쓰임을 확인합니다.
  通过查看图片和使用词汇的例句，确认词汇的含义和用法。

단원의 제목 单元的题目

생각해 봐요 想一想

- 등장인물이 나누는 간단한 대화를 듣고 단원의 주제와 의사소통 목표를 생각해 봅니다.
  听出场人物之间进行的简单对话，想一想本单元的主题及交际目标。

학습 목표 学习目标

- 단원을 학습한 후에 수행할 수 있는 의사소통 목표입니다.
  结束本单元学习后能够独自完成的交际目标。

랭기지 팁 语言小贴士

- 알아 두면 유용한 표현입니다.
  学会实用的表达方式。

어휘의 연습 1 词汇练习 1

- 배운 어휘를 사용해 볼 수 있는 말하기 연습입니다.
  运用所学词汇进行的口语练习。
- 연습의 방식은 그림, 사진, 문장 등으로 다양합니다.
  练习方式有图片、照片和句子等多种形式。

어휘의 연습 2 词汇练习 2

- 유의미한 의사소통 상황에서 배운 어휘를 사용하는 말하기 연습입니다.
  在有意义的语言交际情境中使用所学词汇进行口语练习。

이 책의 특징 本书的特点

문법의 도입 引入语法

- 목표 문법이 사용되는 의사소통 상황입니다.
  使用目标语法的语言交际情境。

문법의 제시 语法的呈现

- 목표 문법의 의미와 쓰임을 여러 예문을 통해 확인합니다.
  通过多个例句确认目标语法的含义和用法。
- 목표 문법을 사용하기 위해 알아야 하는 기본 정보입니다.
  为使用目标语法而需要知道的基本信息。

새 단어 新单词

- 어휘장으로 묶이지 않은 개별 단어입니다.
  没有纳入到词汇表中的个别单词。
- 문맥을 통해 새 단어의 의미를 확인합니다.
  通过上下文确认新单词的含义。

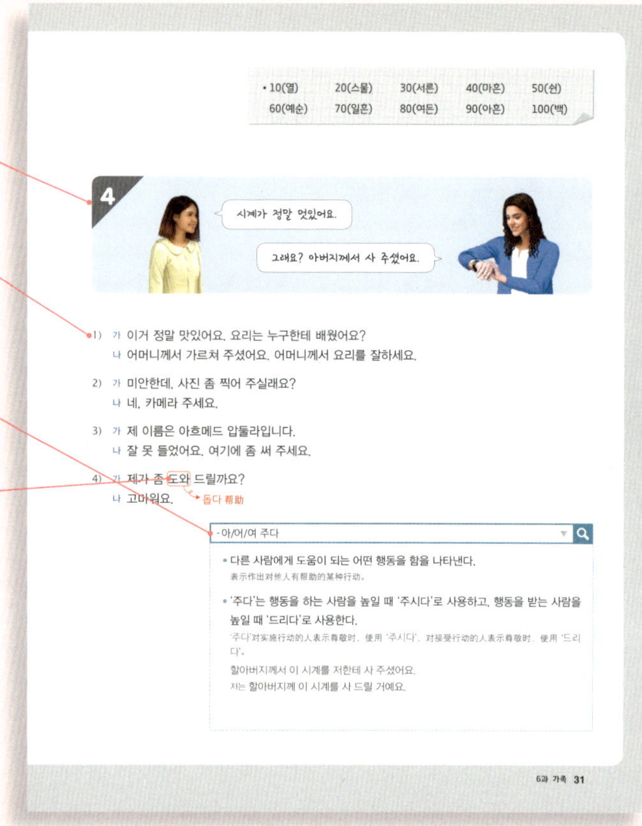

• 10(열) 20(스물) 30(서른) 40(마흔) 50(쉰)
60(예순) 70(일흔) 80(여든) 90(아흔) 100(백)

4

1) 가 이거 정말 맛있어요. 요리는 누구한테 배웠어요?
나 어머니께서 가르쳐 주셨어요. 어머니께서 요리를 잘하세요.

2) 가 미안한데, 사진 좀 찍어 주실래요?
나 네, 카메라 주세요.

3) 가 제 이름은 아흐메드 압둘라입니다.
나 잘 못 들었어요. 여기에 좀 써 주세요.

4) 가 제가 좀 도와 드릴까요?
나 고마워요.

돕다 帮助

-아/어/여 주다

- 다른 사람에게 도움이 되는 어떤 행동을 함을 나타낸다.
  表示作出对他人有帮助的某种行动。
- '주다'는 행동을 하는 사람을 높일 때 '주시다'로 사용하고, 행동을 받는 사람을 높일 때 '드리다'로 사용한다.
  '주다'对实施行动的人表示尊敬时，使用 '주시다'，对接受行动的人表示尊敬时，使用 '드리다'。

할아버지께서 이 시계를 저한테 사 주셨어요.
저는 할아버지께 이 시계를 사 드릴 거예요.

6과 가족 31

담화 표현의 제시 篇章表达展示

- 고정적이고 정형화된 의사소통 표현입니다.
  句群表达是一种固定的、定型化的沟通表达方式。

담화 표현 연습 篇章表达练习

- 담화 표현을 덩어리째 익혀 대화하는 말하기 연습입니다.
  以句群的形式熟悉篇章表达方式，并进行对话的口语练习。

3

1 사진을 보고 친구하고 이야기해 봐요.
看着照片跟朋友聊一聊。

① ② ③ ④ ⑤ ⑥

8과 옷 사기 155

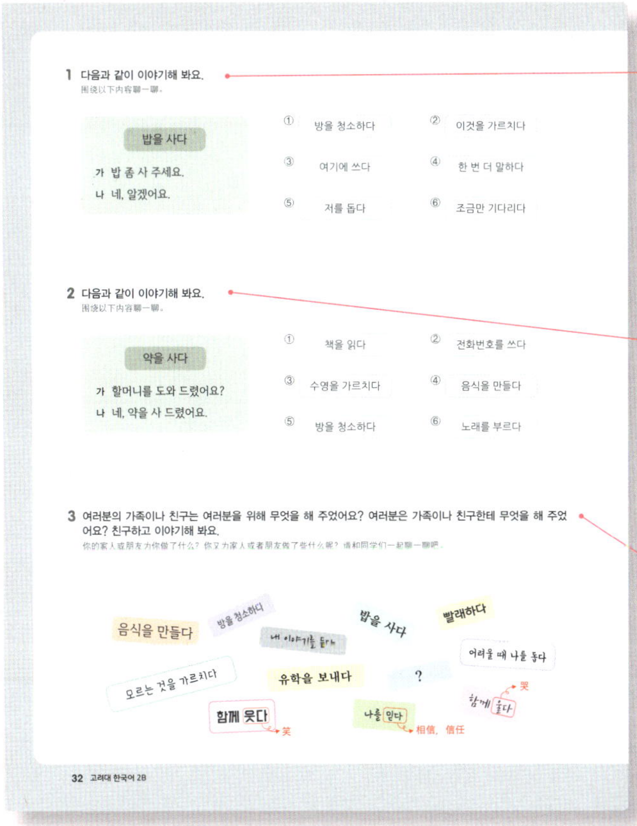

1 다음과 같이 이야기해 봐요. 围绕以下内容聊一聊。

밥을 사다
가 밥 좀 사 주세요.
나 네, 알겠어요.

① 방을 청소하다 ② 이것을 가르치다
③ 여기에 쓰다 ④ 한 번 더 말하다
⑤ 저를 돕다 ⑥ 조금만 기다리다

2 다음과 같이 이야기해 봐요. 围绕以下内容聊一聊。

약을 사다
가 할머니를 도와 드렸어요?
나 네, 약을 사 드렸어요.

① 책을 읽다 ② 전화번호를 쓰다
③ 수영을 가르치다 ④ 음식을 만들다
⑤ 방을 청소하다 ⑥ 노래를 부르다

3 여러분의 가족이나 친구는 여러분을 위해 무엇을 해 주었어요? 여러분은 가족이나 친구한테 무엇을 해 주었어요? 친구하고 이야기해 봐요.

문법의 연습 1 语法练习 1

- 배운 문법을 사용해 볼 수 있는 말하기 연습입니다.
  运用所学语法进行的口语练习。
- 연습의 방식은 그림, 사진, 문장 등으로 다양합니다.
  练习方式有图片、照片和句子等多种形式。

문법의 연습 2 语法练习 2

- 문법의 중요도와 난이도에 따라 연습 활동의 수와 분량에 차이가 있습니다.
  根据语法的重要程度和难易度的不同，练习活动的数量和分量会有所差异。

문법의 연습 3 语法练习 3

- 유의미한 의사소통 상황에서 배운 문법을 사용하는 말하기 연습입니다.
  在有意义的交际情况中针对学过的语法进行的会话练习。

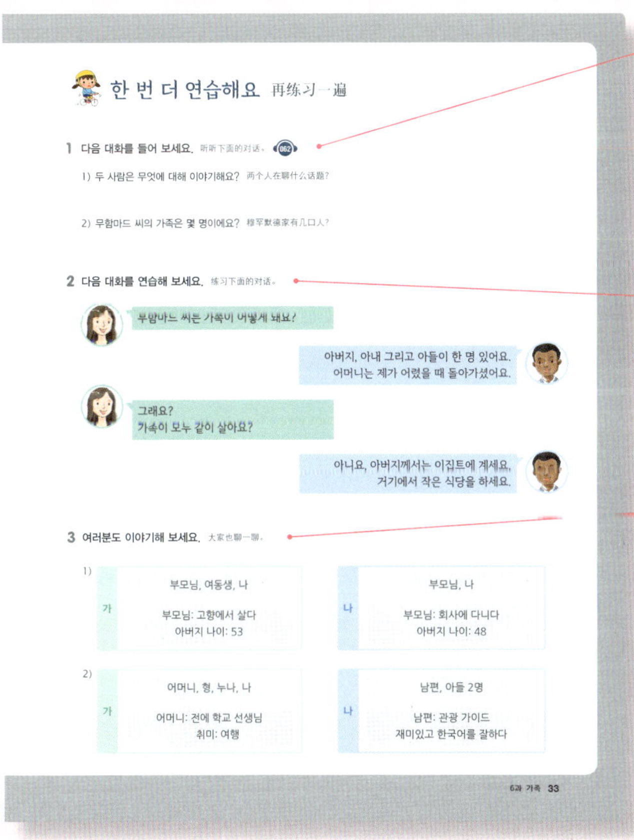

한 번 더 연습해요 再练习一遍

1 다음 대화를 들어 보세요. 听听下面的对话。

1) 두 사람은 무엇에 대해 이야기해요? 两个人在聊什么话题?

2) 무함마드 씨의 가족은 몇 명이에요? 穆罕默德家有几口人?

2 다음 대화를 연습해 보세요. 练习下面的对话。

무함마드 씨는 가족이 어떻게 돼요?
아버지, 아내 그리고 아들이 한 명 있어요. 어머니는 제가 어렸을 때 돌아가셨어요.
그래요? 가족이 모두 같이 살아요?
아니요, 아버지께서는 이집트에 계세요. 거기에서 작은 식당을 하세요.

3 여러분도 이야기해 보세요. 大家也聊一聊。

1) 가: 부모님, 여동생, 나 / 부모님: 고향에서 살다 / 아버지 나이: 53
나: 부모님, 나 / 부모님: 회사에 다니다 / 아버지 나이: 48

2) 가: 어머니, 형, 누나, 나 / 어머니: 전에 학교 선생님 / 취미: 여행
나: 남편, 아들 2명 / 남편: 관광 가이드 / 재미있고 한국어를 잘하다

대화 듣기 听对话

- 의사소통 목표가 되는 자연스럽고 유의미한 대화를 듣고 대화의 목적, 대화의 내용을 파악합니다.
  倾听成为语言交际目标的自然而有意义的对话，掌握对话的目的和内容。

대화 연습 练习对话

- 대화 연습을 통해 대화의 구성 방식을 익힙니다.
  通过对话练习，熟悉对话的构成方式。

대화 구성 연습 组织对话练习

- 학습자 스스로 대화를 구성하여 말해 보는 연습입니다.
  学习者自己组织对话内容而进行的练习。
- 어휘만 교체하는 단순 반복 연습이 되지 않도록 구성했습니다.
  结构上避免了变成简单替换词汇的重复练习。

이 책의 특징 本书的特点

듣기 활동 听力活动

- 단원의 주제와 기능이 구현된 의사소통 듣기 활동입니다.
  体现单元主题和技能的语言交际听力活动。
- 중심 내용 파악과 세부 내용 파악 등 목적에 따라 두세 번 반복하여 듣습니다.
  根据掌握整体内容和掌握具体内容等目的的不同，反复听两三次。

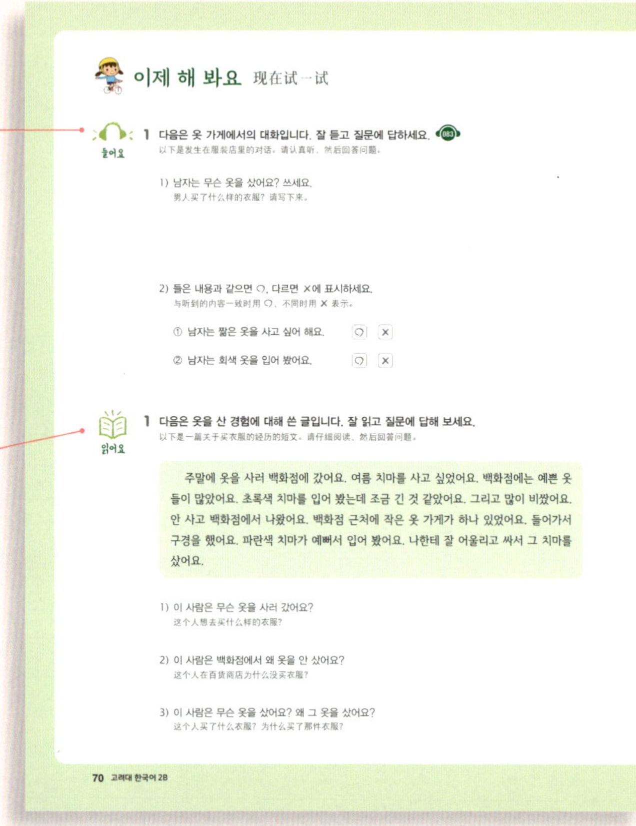

이제 해 봐요 现在试一试

들어요

1 다음은 옷 가게에서의 대화입니다. 잘 듣고 질문에 답하세요. 083
以下是发生在服装店里的对话。请认真听，然后回答问题。

1) 남자는 무슨 옷을 샀어요? 쓰세요.
男人买了什么样的衣服？请写下来。

2) 들은 내용과 같으면 ○, 다르면 ×에 표시하세요.
与听到的内容一致时用 ○，不同时用 × 表示。

① 남자는 짧은 옷을 사고 싶어 해요. ○ ×

② 남자는 회색 옷을 입어 봤어요. ○ ×

읽어요

1 다음은 옷을 산 경험에 대해 쓴 글입니다. 잘 읽고 질문에 답해 보세요.
以下是一篇关于买衣服的经历的短文。请仔细阅读，然后回答问题。

주말에 옷을 사러 백화점에 갔어요. 여름 치마를 사고 싶었어요. 백화점에는 예쁜 옷들이 많았어요. 초록색 치마를 입어 봤는데 조금 긴 것 같았어요. 그리고 많이 비쌌어요. 안 사고 백화점에서 나왔어요. 백화점 근처에 작은 옷 가게가 하나 있었어요. 들어가서 구경을 했어요. 파란색 치마가 예뻐서 입어 봤어요. 나한테 잘 어울리고 싸서 그 치마를 샀어요.

1) 이 사람은 무슨 옷을 사러 갔어요?
这个人想去买什么样的衣服？

2) 이 사람은 백화점에서 왜 옷을 안 샀어요?
这个人在百货商店为什么没买衣服？

3) 이 사람은 무슨 옷을 샀어요? 왜 그 옷을 샀어요?
这个人买了什么衣服？为什么买了那件衣服？

70 고려대 한국어 2B

읽기 활동 阅读活动

- 단원의 주제와 기능이 구현된 의사소통 읽기 활동입니다.
  体现单元主题和技能的语言交际阅读活动。
- 중심 내용 파악과 세부 내용 파악 등 목적에 따라 두세 번 반복하여 읽습니다.
  根据掌握整体内容和掌握具体内容等目的的不同，反复读两三次。

쓰기 활동 写作活动

- 단원의 주제와 기능이 구현된 의사소통 쓰기 활동입니다.
  体现单元主题和技能的语言交际写作活动。
- 쓰기 전에 써야 할 내용이나 방식에 대해 생각해 본 후 쓰기를 합니다.
  写作之前，先想一想要写的内容或方式，然后再写。

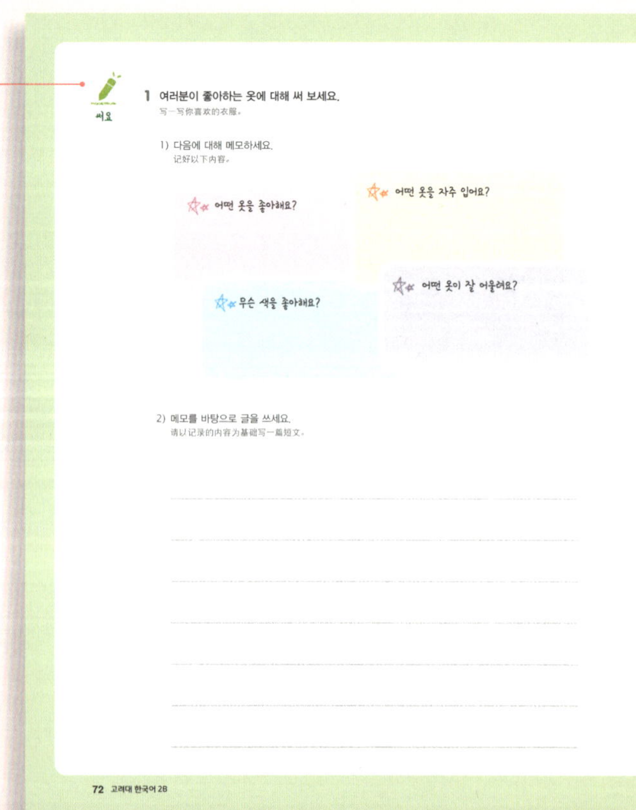

써요

1 여러분이 좋아하는 옷에 대해 써 보세요.
写一写你喜欢的衣服。

1) 다음에 대해 메모하세요.
记好以下内容。

어떤 옷을 좋아해요?
어떤 옷을 자주 입어요?
무슨 색을 좋아해요?
어떤 옷이 잘 어울려요?

2) 메모를 바탕으로 글을 쓰세요.
请以记录的内容为基础写一篇短文。

72 고려대 한국어 2B

말하기 활동 口语活动

- 단원의 주세와 기능이 구현된 의사소통 말하기 활동입니다.
  体现单元主题和技能的语言交际口语活动。
- 말하기 전에 말할 내용이나 방식에 대해 생각해 본 후 말하기를 합니다.
  口语练习之前，先想一想要说的内容或方式，然后再说。

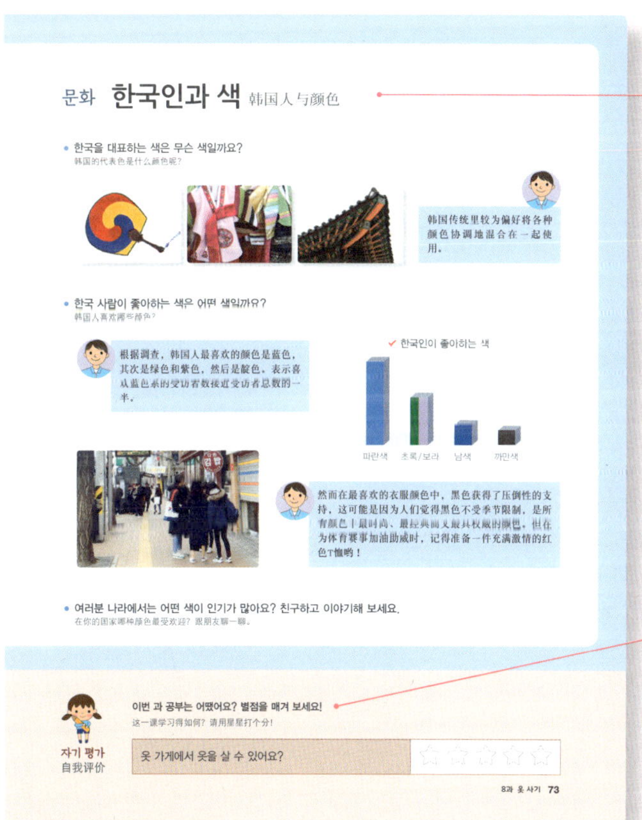

발음 활동/문화 활동 发音活动/文化活动

- 초급에서 필수적으로 알아야 할 발음/문화 항목을 소개합니다. 간단한 설명 후 실제 활동을 해 봅니다.
  介绍初级阶段必须知道的发音/文化项目。简单说明后进行实际活动。
- 단원마다 발음 또는 문화 항목이 제시됩니다.
  每个单元都会选择性地呈现发音或文化项目。

자기 평가 自我评价

- 단원 앞부분에 제시되었던 학습 목표 달성 여부를 학습자 스스로 점검합니다.
  学习者自我检验是否完成了单元前面列出的学习目标。

단원 구성 표

단원	단원 제목	학습 목표	의사소통 활동
6 과	가족	가족에 대해 묻고 답할 수 있다.	• 가족을 소개하는 대화 듣기 • 가족 소개 글 읽기 • 가족 소개하기 • 가족을 소개하는 글 쓰기
7 과	여행	여행 경험에 대해 묻고 답할 수 있다.	• 여행에 대한 대화 듣기 • 여행 경험 소개하기 • 여행 경험에 대한 글 읽기 • 여행 경험에 대한 글 쓰기
8 과	옷 사기	옷 가게에서 옷을 살 수 있다.	• 옷 가게에서의 대화 듣기 • 옷을 산 경험에 대한 글 읽기 • 옷 가게에서 대화하기 • 좋아하는 옷에 대한 글 쓰기
9 과	축하와 위로	축하와 위로를 할 수 있다.	• 위로하는 대화 듣기 • 축하 받은 일에 대한 글 읽기 • 축하나 위로할 일에 대해 묻고 답하기 • 축하나 위로 받은 경험 쓰기
10 과	안부	오래간만에 만난 친구하고 안부를 묻고 답할 수 있다.	• 안부를 묻는 대화 듣기 • 안부를 묻고 답하기 • 친구하고 주고받은 문자 메시지 읽기 • 친구한테 문자 메시지 보내기

	어휘 · 문법 · 담화 표현		발음 / 문화
• 가족 • 경어	• 높임말 • -아/어/여 주다/드리다 • 께서, 께서는, 께	• 가족 구성원 묻고 답하기	어른 앞에서는
• 여행지	• -아/어/여 보다 • -(으)ㄴ • -네요 • -(으)ㄹ까요?	• 여행 경험 묻고 답하기	비음화
• 옷 • 색	• -는/(으)ㄴ 것 같다 • -(으)ㄹ게요 • (으)로 2	• 옷 사기	한국인과 색
• 기분 · 감정 • 축하하는 일 • 위로하는 일	• -는데/(으)ㄴ데 • -(으)ㄹ 것이다	• 축하하기 • 위로하기	소리 내어 읽기 2
• 근황 • 관계	• 반말(-아/어/여) • 반말(-야) • -(으)ㄹ	• 안부 묻고 답하기	지칭어 · 호칭어

单元构成表

单元	单元名	学习目标	语言交际活动
第六课	家人	能用韩语就家人进行提问和回答。	• 听介绍家人的对话 • 读介绍家人的短文 • 介绍你的家人 • 写介绍家人的作文
第七课	旅行	能对旅行经历进行提问和回答。	• 听关于旅行的对话 • 介绍你的旅行经历 • 读关于旅行经历的短文 • 写关于旅行经历的作文
第八课	买衣服	能在服装店买衣服。	• 听服装店里发生的对话 • 读关于买衣服经历的短文 • 练习在服装店发生的对话 • 写关于喜欢的衣服的作文
第九课	祝贺与安慰	能表达祝贺与安慰。	• 听安慰别人的对话 • 读关于接受祝贺的事情的短文 • 对值得祝贺或需要安慰的事情进行问答 • 写关于得到祝贺或安慰的经历的作文
第十课	问候	能跟好久未见面的朋友相互问候。	• 听问候对方的对话 • 练习相互问候 • 读朋友之间互相发送的短信 • 给朋友发送短信

	词汇・语法・语篇表达			发音 / 文化
	• 兄弟姐妹 • 敬语	• 尊称 • -아/어/여 주다/드리다 • 께서, 께서는, 께	• 能够询问并且回答有关家人的问题。	在长辈面前
	• 旅行目的地	• -아/어/여 보다 • -(으)ㄴ • -네요 • -(으)ㄹ까요?	• 能够询问并回答有关旅行经历的问题。	鼻音化
	• 衣服 • 色	• -는/(으)ㄴ 것 같다 • -(으)ㄹ게요 • (으)로 2	• 买衣服	韩国人与颜色
	• 心情・情感 • 得祝贺的事 • 需要安慰的事	• -는네/(으)ㄴ네 • (으)ㄹ 것이다	• 祝贺 • 安慰	出声朗读 2
	• 近况 • 关系	• 平语(-아/어/여) • 平语(-야) • -(으)ㄹ	• 能够询问并回答有关个人近况的问题。	称谓词、称呼词

차례 目录

문화 동아리 송년회

등장인물 登场人物

왕웨이

나라 중국
나이 19세
직업 학생
(고려대학교 한국어센터)
취미 피아노

응우옌 티 두엔

나라 베트남
나이 19세
직업 학생
(고려대학교 한국어센터)
취미 드라마

무함마드 알 감디

나라 이집트
나이 32세
직업 요리사/학생
취미 태권도

김지아

나라 한국
나이 22세
직업 학생
(고려대학교 경제학과)
취미 영화

미아 왓슨

나라 영국
나이 21세
직업 학생
(고려대학교 교환 학생)
취미 노래(K-POP)

카밀라 멘데즈

나라 칠레
나이 23세
직업 학생
(고려대학교 한국어센터)
취미 SNS

다니엘 클라인

나라 독일
나이 29세
직업 회사원/학생
취미 여행

모리야마 나쓰미

나라 일본
나이 35세
직업 학생/약사
취미 그림

서하준

나라 한국
나이 22세
직업 학생
(고려대학교 국어국문학과)
취미 농구

정세진

나라 한국
나이 33세
직업 한국어 선생님
취미 요가

강용재

나라 한국
나이 31세
직업 회사원
취미 자전거, 스키

6

가족

家人

생각해 봐요 想一想 061

1. 두엔 씨는 어제 누구하고 전화를 했어요?
   杜安昨天跟谁通电话了?
2. 여러분은 한국어로 가족에 대해 이야기할 수 있어요?
   你能用韩语聊聊你的家人吗?

학습 목표 学习目标

가족에 대해 묻고 답할 수 있다.

能用韩语就家人进行提问和回答。

- 가족, 경어
- 높임말, -아/어/여 주다/드리다
- 가족 구성원 묻고 답하기

배워요 学一学

i 다음 표현 중 아는 것에 모두 ◯해 보세요. 그리고 여러분의 가족은 누가 있는지 친구하고 이야기해 봐요.
将下列表达方式中你知道的全部用 ◯ 标出来，并跟朋友聊一聊你都有哪些家人。

아버지	어머니	부모님	형	누나
오빠	언니	남/여동생	남편	아내
딸	아들	할아버지	할머니	삼촌
고모	이모	사촌	조카	친척

1

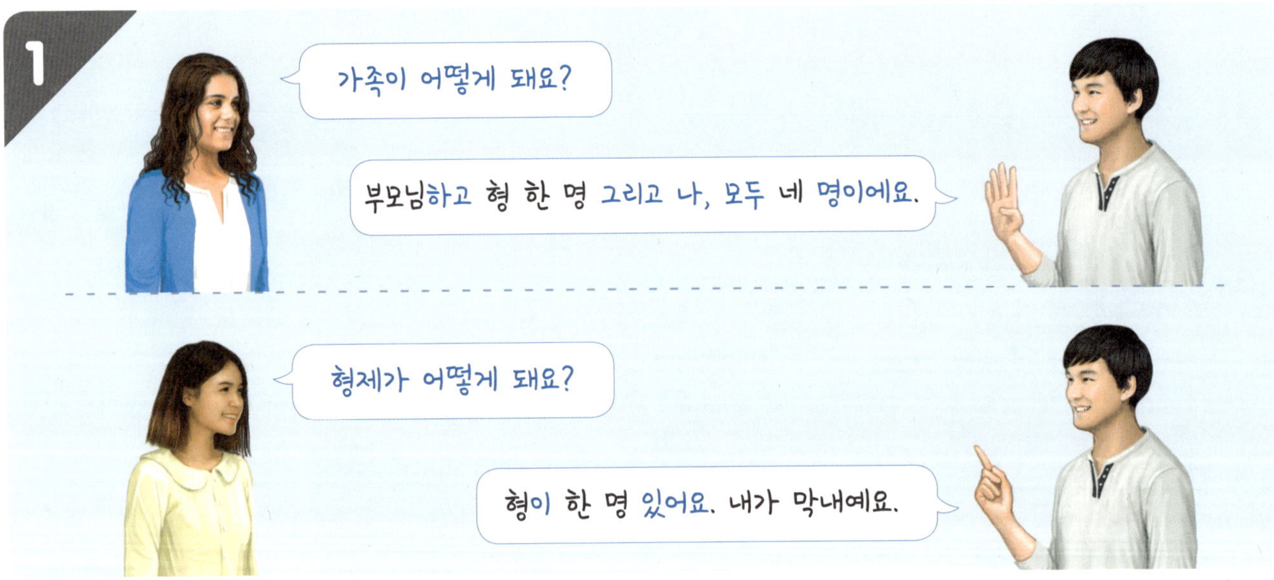

형제 兄弟姐妹

첫째	둘째	셋째	……	막내
혼자	쌍둥이			

1) 가 형제가 어떻게 돼요?
   나 누나하고 남동생이 있어요. 내가 둘째예요.

2) 가 형제가 어떻게 돼요?
   나 나 혼자예요.

1 **다음과 같이 이야기해 봐요.**
围绕以下内容聊一聊。

> **남동생 1명, 첫째**
>
> 가 형제가 어떻게 돼요?
>
> 나 남동생이 하나 있어요. 내가 첫째예요.

① 형 1명, 둘째　　② 누나 2명, 막내

③ 형 1명, 여동생 1명, 둘째　　④ 오빠, 남동생, 둘째

⑤ 쌍둥이 언니 1명　　⑥ 혼자

2 **이 사람은 가족이 어떻게 돼요? 친구하고 이야기해 봐요.**
这个人有哪些家人？跟朋友聊一聊。

①

②

③

④

3 여러분은 가족이 어떻게 돼요? 그리고 형제가 어떻게 돼요? 친구하고 이야기해 봐요.
你有哪些家人？有没有兄弟姐妹？跟朋友聊一聊。

2

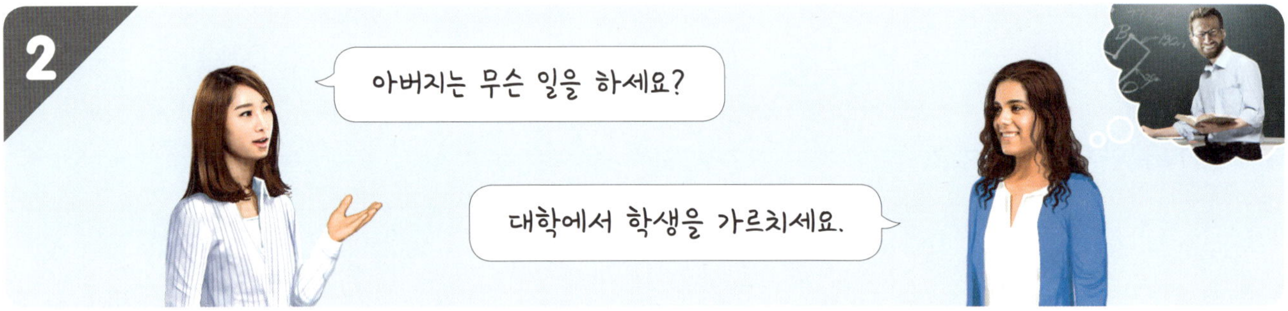

1) 가 리나 씨는 키가 커요. 어머니도 키가 크세요?
   나 아니요, 저희 어머니는 작으세요.
   저희 → (谦称)我们(的)
2) 가 선생님, 오전에 보통 뭐 하세요?
   나 수업이 없으면 신문을 읽어요.
   신문 → 报纸
3) 가 사진 속의 이 사람은 누구예요?
   나 우리 할아버지세요.
4) 가 어머니는 전에 무슨 일을 하셨어요?
   나 은행에 다니셨어요.
5) 가 여행은 재미있으셨어요?
   나 네, 정말 좋았어요.
6) 가 사장님, 언제 오실 거예요?
   사장님 → 社长；老板
   나 아직 잘 모르겠어요. 먼저 퇴근하세요.
   아직 → 还，尚，仍旧

높임말

- 높임말은 문장의 주어가 말하는 사람보다 나이가 많거나 지위가 높을 때 사용한다.
  当句子的主语比说话者年龄更大或地位更高时，需使用尊称。
- '-(으)세요'는 주어의 행동이나 상태를 높이는 현재 시제 표현이다.
  '-(으)세요' 是对主语的行动或状态表示尊敬的现在时态表达方式。

1 **다음과 같이 이야기해 봐요.**
围绕以下内容聊一聊。

아버지, 무슨 일을 하다	어머니, 외모가 어떻다
회사에 다니다	키가 좀 작다

가 아버지는 무슨 일을 하세요?
나 회사에 다니세요.

가 어머니는 외모가 어떠세요?
나 키가 좀 작으세요.

① 어머니, 무슨 일을 하다 / 고등학교 선생님이다

② 할아버지, 언제 오다 / 다음 달에 오다

③ 부모님, 어디에서 살다 / 고향에 살다

④ 할머니, 오후에 무엇을 하다 / 공원을 산책하다

⑤ 사장님, 외모가 어떻다 / 멋있다

⑥ 선생님, 건강이 어떻다 / 눈이 좀 안 좋다

⑦ 아버지, 운동을 자주 하다 / 자주 안 하다, 가끔 하다

⑧ 사장님, 요즘 많이 바쁘다 / 괜찮다

2 **여러분의 부모님은 무슨 일을 하세요? 외모는 어떠세요? 뭐 하는 것을 좋아하시고, 뭐 하는 것을 싫어하세요? 친구하고 이야기해 봐요.**
你父母做什么工作？外貌如何？他们喜欢做什么，不喜欢做什么？跟朋友聊一聊。

-(으)셨어요

- '-(으)셨어요'는 주어의 행동이나 상태를 높이는 과거 시제 표현이다.
  '-(으)셨어요' 是对主语的行动或状态表示尊敬的过去时态表达方式。

3 다음과 같이 이야기해 봐요. 围绕以下内容聊一聊。

친구를 만났다

가 아버지는 어제 오후에 뭐 하셨어요?

나 친구를 만나셨어요.

① 신문을 읽었다 ② 회사에서 일했다 ③ 백화점에 갔다 왔다

④ 어머니하고 영화를 봤다 ⑤ 의자를 만들었다 ⑥ 공원을 산책했다

4 여러분의 부모님은 10년 전에 무슨 일을 하셨어요? 어디에서 사셨어요? 친구하고 이야기해 봐요.
你父母10年前做什么工作？当时在哪里生活？跟朋友聊一聊。

-(으)실 거예요

- '-(으)실 거예요'는 주어를 높이는 표현으로 앞으로의 계획이나 예정을 나타낸다.
  '-(으)실 거예요' 是对主语表示尊敬的表达方式，用于表示未来的计划或打算。

5 다음과 같이 이야기해 봐요. 围绕以下内容聊一聊。

출근할 것이다

가 내일 출근하실 거예요?

나 네, 출근할 거예요.

① 신문을 읽을 것이다 ② 돈을 줄 것이다

③ 청소할 것이다 ④ 친구를 만나러 갈 것이다

⑤ 병원에 갔다 올 것이다 ⑥ 꽃을 살 것이다

6 선생님은 내일 무엇을 하실지 선생님한테 물어봐요.
问问你的老师明天会做什么。

3

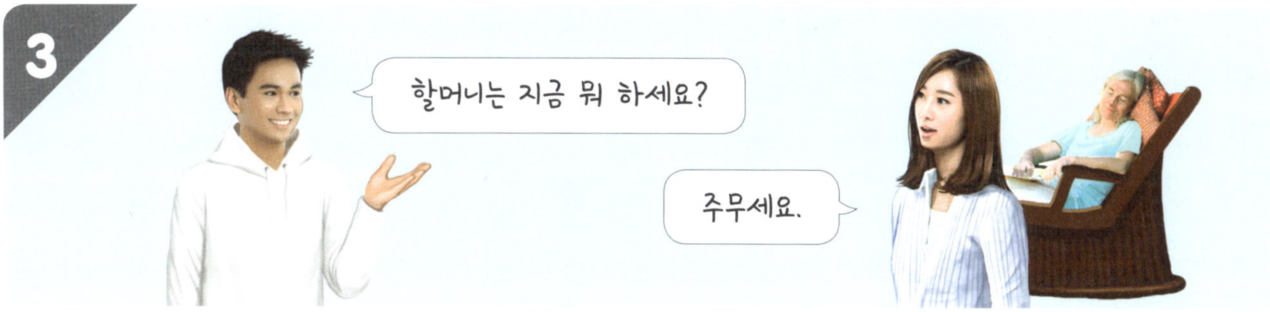

경어 敬语

드시다, 잡수시다 [먹다]　드시다 [마시다]　주무시다 [자다]

계시다 [있다]　편찮으시다 [아프다]　돌아가시다 [죽다]

댁 [집]　성함 [이름]　연세 [나이]　분 [사람]　말씀 [말]

1) 가 할아버지께서는 댁에 계세요?
   나 아니요, 편찮으셔서 병원에 계세요.

2) 가 선생님, 점심 드셨어요?
   나 아직 못 먹었어요.

3) 가 지아 씨, 아버지 연세가 어떻게 되세요?
   나 마흔여덟이세요.

할아버지께서 말씀하세요.

할머니께서는 예쁘세요.

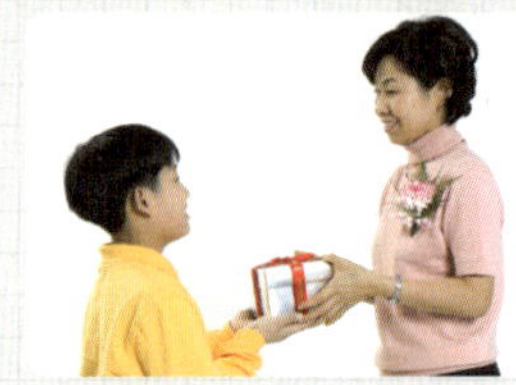

선생님께 선물을 드려요.

- 문장의 주어를 높이고 싶을 때 조사도 바꿔 쓰면 더 좋아요.
  想对句子的主语表示尊敬时，可将助词一同替换以达到更好的效果。

  께서 [이/가]　　께서는 [은/는]　　께 [한테]

1 다음과 같이 이야기해 봐요.
围绕以下内容聊一聊。

> 저녁을 먹다
>
> 가 사장님께서는 지금 뭐 하세요?
> 나 저녁을 드세요.

① 차를 마시다
② 집에 있다
③ 저쪽에서 자다
④ 친구를 만나고 있다
⑤ 아파서 병원에 갔다
⑥ 지난달에 죽었다

2 여러분 부모님, 할아버지, 할머니께서는 연세가 어떻게 되세요? 다음과 같이 친구하고 이야기해 봐요.
你的父母和祖父母今年多大岁数？跟朋友聊一聊下面的内容。

> 가 하준 씨, 할아버지께서는 연세가 어떻게 되세요?
> 나 올해 일흔둘이세요.

• 10(열)	20(스물)	30(서른)	40(마흔)	50(쉰)
60(예순)	70(일흔)	80(여든)	90(아흔)	100(백)

4

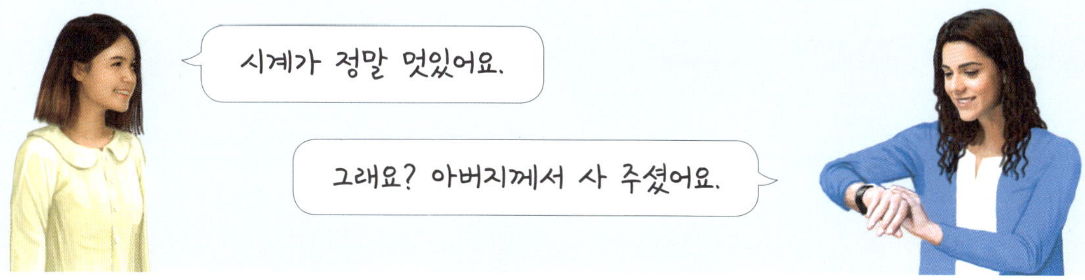

1) 가 이거 정말 맛있어요. 요리는 누구한테 배웠어요?
   나 어머니께서 가르쳐 주셨어요. 어머니께서 요리를 잘하세요.

2) 가 미안한데, 사진 좀 찍어 주실래요?
   나 네, 카메라 주세요.

3) 가 제 이름은 아흐메드 압둘라입니다.
   나 잘 못 들었어요. 여기에 좀 써 주세요.

4) 가 제가 좀 도와 드릴까요?
   나 고마워요.

도와 → 돕다 帮助

-아/어/여 주다

- 다른 사람에게 도움이 되는 어떤 행동을 함을 나타낸다.
  表示作出对他人有帮助的某种行动。
- '주다'는 행동을 하는 사람을 높일 때 '주시다'로 사용하고, 행동을 받는 사람을 높일 때 '드리다'로 사용한다.
  '주다'对实施行动的人表示尊敬时，使用 '주시다'，对接受行动的人表示尊敬时，使用 '드리다'。

  할아버지께서 이 시계를 저한테 사 주셨어요.
  저는 할아버지께 이 시계를 사 드릴 거예요.

1 다음과 같이 이야기해 봐요.
围绕以下内容聊一聊。

밥을 사다

가 밥 좀 사 주세요.
나 네, 알겠어요.

① 방을 청소하다
② 이것을 가르치다
③ 여기에 쓰다
④ 한 번 더 말하다
⑤ 저를 돕다
⑥ 조금만 기다리다

2 다음과 같이 이야기해 봐요.
围绕以下内容聊一聊。

약을 사다

가 할머니를 도와 드렸어요?
나 네, 약을 사 드렸어요.

① 책을 읽다
② 전화번호를 쓰다
③ 수영을 가르치다
④ 음식을 만들다
⑤ 방을 청소하다
⑥ 노래를 부르다

3 여러분의 가족이나 친구는 여러분을 위해 무엇을 해 주었어요? 여러분은 가족이나 친구한테 무엇을 해 주었어요? 친구하고 이야기해 봐요.
你的家人或朋友为你做了什么？你又为家人或者朋友做了些什么呢？请和同学们一起聊一聊吧。

음식을 만들다
방을 청소하다
밥을 사다
빨래하다
내 이야기를 듣다
어려울 때 나를 돕다
모르는 것을 가르치다
유학을 보내다
?
함께 울다 (울다 → 哭)
함께 웃다 (웃다 → 笑)
나를 믿다 (믿다 → 相信，信任)

한 번 더 연습해요 再练习一遍

1 다음 대화를 들어 보세요. 听听下面的对话。 062

1) 두 사람은 무엇에 대해 이야기해요? 两个人在聊什么话题?

2) 무함마드 씨의 가족은 몇 명이에요? 穆罕默德家有几口人?

2 다음 대화를 연습해 보세요. 练习下面的对话。

무함마드 씨는 가족이 어떻게 돼요?

아버지, 아내 그리고 아들이 한 명 있어요.
어머니는 제가 어렸을 때 돌아가셨어요.

그래요?
가족이 모두 같이 살아요?

아니요, 아버지께서는 이집트에 계세요.
거기에서 작은 식당을 하세요.

3 여러분도 이야기해 보세요. 大家也聊一聊。

1)

가	나
부모님, 여동생, 나 부모님: 고향에서 살다 아버지 나이: 53	부모님, 나 부모님: 회사에 다니다 아버지 나이: 48

2)

가	나
어머니, 형, 누나, 나 어머니: 전에 학교 선생님 취미: 여행	남편, 아들 2명 남편: 관광 가이드 재미있고 한국어를 잘하다

이제 해 봐요 现在试一试

듣어요

1 다음은 리나 씨의 가족에 대한 대화입니다. 잘 듣고 질문에 답해 보세요. 063

以下是关于莉娜家人的对话。请认真听，然后回答问题。

1) 리나 씨 가족으로 맞는 그림을 고르세요.
请选出与莉娜家人相符的图片。

①

②

③

④

2) 들은 내용과 같은 것을 고르세요.
请选出与所听内容一致的选项。

① 리나 씨는 첫째예요.

② 리나 씨 할아버지는 돌아가셨어요.

③ 리나 씨 부모님은 지금 도쿄에서 사세요.

읽어요

1 다음은 가족 소개 글입니다 잘 읽고 질문에 답해 보세요.

以下是一篇介绍家人的短文。请仔细阅读，然后回答问题。

우리 가족은 다섯 명이에요. 부모님하고 저 그리고 여동생이 두 명 있어요. 제 동생은 쌍둥이예요. 가족들은 모두 고향에서 살고 있어요. 아버지는 회사원이시고, 어머니는 의사세요. 동생들은 중학생이에요. 저는 아버지를 제일 좋아해요. 아버지는 제 이야기를 잘 들어 주시고 언제나 저를 믿어 주세요. 다음 달에는 부모님이 저를 만나러 한국에 오실 거예요. 빨리 부모님을 만나면 좋겠어요.

1) 이 사람의 가족은 어떻게 돼요?
그림을 그리세요.
这个人有哪些家人？请画出来。

2) 이 사람은 아버지를 왜 좋아해요? 찾아보세요.
这个人为什么喜欢他爸爸？请找出原因来。

3) 읽은 내용과 같으면 ○, 다르면 ×에 표시하세요.
与阅读的内容一致时用 ○，不同时用 × 表示。

① 아버지는 지금 일을 하시지만 어머니는 쉬고 계세요. ○ ×

② 이 사람은 다음 달에 가족을 만나러 고향에 갈 거예요. ○ ×

말해요

1 여러분의 가족을 소개해 보세요.

请介绍一下你的家人。

1) 누구 누구 있어요? 무슨 일을 해요? 어디에서 살아요? 외모는 어때요? 성격은 어때요? 메모하세요.
你家里都有谁？他们做什么工作？在哪里生活？外貌如何？性格怎么样？请记下来。

2) 메모한 내용을 바탕으로 친구하고 가족에 대해 이야기하세요.
根据记下的内容，跟朋友聊一聊家人。

써요

1 여러분의 가족을 소개하는 글을 써 보세요.
请写一篇关于你家人的短文。

1) 가족 소개 글을 재미있게 쓰려면 어떤 내용을 어떤 순서로 쓰면 좋을까요? 생각해 보세요.
为了写一篇有意思的介绍家人的短文，写什么内容，按照怎样的顺序写比较好呢？请想一想。

2) 생각한 내용을 바탕으로 글을 쓰세요.
以想到的内容写一篇短文。

문화 어른 앞에서는 在长辈面前

- 한국은 어른에 대한 예의를 중요하게 생각하는 나라예요. 어른 앞에서 지켜야 할 예의 몇 가지를 알려 드릴게요.
  韩国是一个重视尊老礼仪的国家，下面就举几个例子说说需在长辈面前遵守的礼仪。

向长辈问候时，要弯腰行礼。

向长辈递送或从长辈手中接过物品时，必须要用双手。

对长辈说话时，最好使用准确的敬语。

- 한국에서 어른을 만나면 예의를 지켜 말하세요.
  在韩国遇到长辈时，记得遵守对话礼节。

자기 평가
自我评价

이번 과 공부는 어땠어요? 별점을 매겨 보세요!
这一课学习得如何？请用星星打个分！

가족에 대해 묻고 답할 수 있어요?	☆☆☆☆☆

7

여행

旅行

생각해 봐요 想一想 071

1 다니엘 씨는 어디에 갔다 왔어요?
丹尼尔去过哪里?

2 여러분은 한국에서 어디에 가 봤어요?
你去过韩国的哪些地方?

학습 목표 学习目标

여행 경험에 대해 묻고 답할 수 있다.
能对旅行经历进行提问和回答。

- 여행지
- -아/어/여 보다, -(으)ㄴ, -네요
- 여행 경험 묻고 답하기

배워요 学一学

1

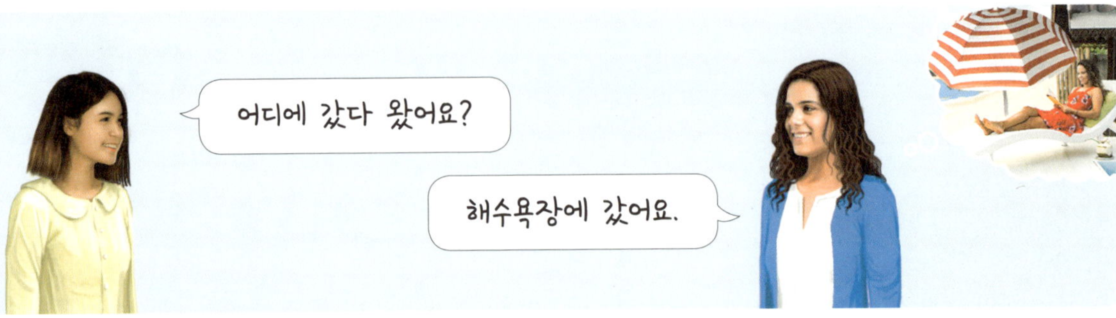

여행지 旅行目的地

1) 가 지난 연휴에 어디에 갔다 왔어요?
나 민속촌에 갔다 왔어요.

2) 가 여행 가서 뭐 했어요?
나 낮에는 해수욕장에서 놀고 밤에는 야경(夜景)도 보고 야시장(夜市)에도 갔어요.

1 다음과 같이 이야기해 봐요.

围绕以下内容聊一聊。

①

②

③

가 다음에는 어디에 갈까요?

나 다음에는 산에 가고 싶어요.

- 함께하고 싶은 것을 제안할 때는 '-(으)ㄹ까요?'를 사용해요.

  提议想与听者一起做某事时使用 '-(으)ㄹ까요?' 来表达。

  가 오늘 점심에는 짜장면을 먹을까요?

  나 네, 좋아요.

④

⑤

⑥

2 여러분은 어디에 갔어요? 어디에 가고 싶어요? 친구하고 이야기해 봐요.

你去过哪里？ 想去哪里？ 跟朋友聊一聊。

1) 가 부산에 여행 가서 뭐 먹었어요?
나 회를 처음 먹어 봤어요. (生鱼片)

2) 가 여행 가서 무엇을 해 보고 싶어요?
나 배를 타 보고 싶어요. (船)

3) 가 어제 집에서 김밥을 만들어 봤어요.
나 그래요? 맛있었어요?

4) 가 뭐 듣고 있어요?
나 제가 좋아하는 가수의 노래요. 한번 들어 볼래요?

-아/어/여 보다

- 어떤 행동을 경험하거나 시도함을 나타낸다.
  表示对某种行动的体验或尝试。

1 다음과 같이 이야기해 봐요.

围绕以下内容聊一聊。

제주도, 바닷가	O

가 제주도에서 바닷가에 가 봤어요?
나 네, 가 봤어요.

제주도, 바닷가	X

가 제주도에서 바닷가에 가 봤어요?
나 아니요, 못 가 봤어요.

①	부산, 쇼핑몰	O
②	한강, 배	X
③	제주도, 꽃구경	X
④	동대문, 쇼핑	O
⑤	야시장, 음식	O
⑥	해수욕장, 수영	X
⑦	일본, 온천	X
⑧	태국, 사원	O

2 **다음과 같이 이야기해 봐요.**
围绕以下内容聊一聊。

미술관에 가다

가 여행 가서 무엇을 해 보고 싶어요?
나 미술관에 가 보고 싶어요.

① 온천에 가다
② 춤을 배우다
③ 한복을 입다 (한복 → 韓服)
④ 비빔밥을 먹다
⑤ 야시장을 구경하다
⑥ 호수에서 수영을 하다
⑦ 폭포를 구경하다
⑧ 섬에 가다
⑨ 바다에서 수영하다
⑩ 민속촌을 구경하다

3 **여러분은 어디를 여행해 봤어요? 거기에서 무엇을 해 봤어요? 친구하고 이야기해 봐요.**
你去哪里旅行过？在那里都做过什么？跟朋友聊一聊。

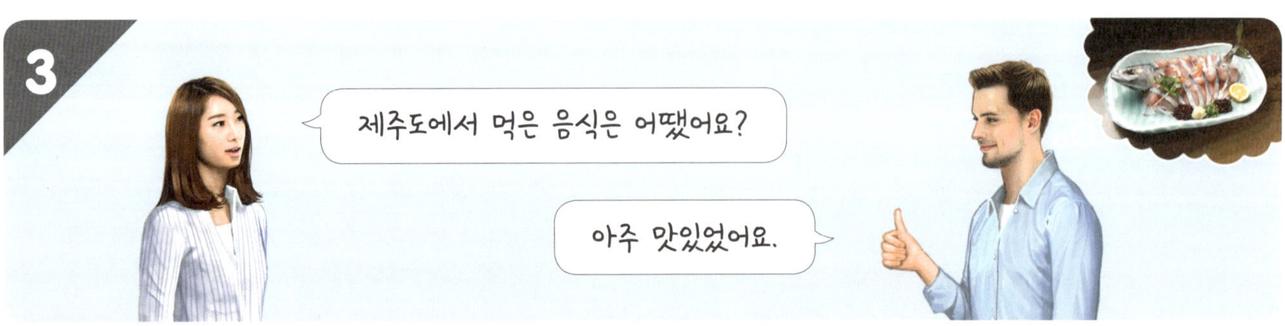

1) 가 이거 제가 부산에서 산 선물이에요.
나 정말 고마워요.

2) 가 한국에서 여행을 많이 해 봤어요?
나 아니요, 가 본 곳이 별로 없어요.

3) 가 가방 샀어요? 정말 예뻐요.
나 아, 이거 제가 만든 거예요.

4) 가 이 사진 누가 찍은 거예요?
나 선생님께서 찍어 주신 거예요.

-(으)ㄴ

- 동사에 붙어 뒤에 오는 명사를 수식한다. 그 동작이 과거에 일어났음을 나타낸다.
  放在动词后，修饰后面出现的名词，表示该动作发生在过去。

1 다음과 같이 이야기해 봐요.
围绕以下内容聊一聊。

사진, 찍었다

가 사진을 많이 찍었어요?
나 네, 찍은 사진이 정말 많아요.

① 사람, 만났다

② 음식, 먹었다

③ 책, 읽었다

④ 음악, 들었다

⑤ 옷, 샀다

⑥ 영화, 봤다

⑦ 음식, 만들었다

⑧ 외국어, 배웠다

2 다음과 같이 이야기해 봐요.
围绕以下内容聊一聊。

가 여행 가서 만난 관광 가이드가 정말 멋있었어요.
나 여행 가서 먹은 음식이 다 맛있었어요.
다 이건 여행 가서 만든 컵이에요.
라 ⋮

여행 가서 + 먹다 / 만들다 / 찍다 / 사다 / 만나다 / 타다 / 보다 / 가 보다 / ?? + 음식…… / 사람…… / 곳…… / 것……

3 여러분은 여행 가서 무엇을 했어요? 그것이 어땠어요? 친구하고 이야기해 봐요.
你去旅行时做了什么？你觉得怎么样？跟朋友聊一聊。

4

1) 가 여기는 어디예요? 경치가 정말 좋네요.
   나 우리 고향에 있는 호수예요.

2) 가 이건 여행 가서 먹은 음식들 사진이에요.
   나 이걸 다 먹었어요? 정말 많이 먹었네요.

3) 가 여기는 나무가 많아서 정말 아름답지요?
   나 네, 단풍이 들면 더 예쁘겠네요.

4) 가 방학에 경주에 갔다 왔어요.
   나 경주요? 정말 좋았겠네요.

-네요

- 말하는 사람이 새롭게 안 사실임을 나타낸다. 보통 감탄의 의미로 사용한다.
  表示说话者新知道的内容，通常用于表达感叹的意思。

1 다음과 같이 이야기해 봐요.

围绕以下内容聊一聊。

경치가 좋다

가 이건 섬에서 찍은 사진이에요.

나 경치가 좋네요.

① 

야경이 예쁘다

② 

정말 크다

③ 

아름답다

④ 

음식이 많다

⑤ 

사람이 별로 없다

⑥ 

사람이 많다

2 여러분은 특별한 장소에서 찍은 사진이 있어요? 그곳은 어때요? 친구하고 그 사진을 보면서 이야기해 봐요.

你有在特别的场所拍的照片吗？那个地方怎么样？和朋友一起看着那张照片聊一聊吧。

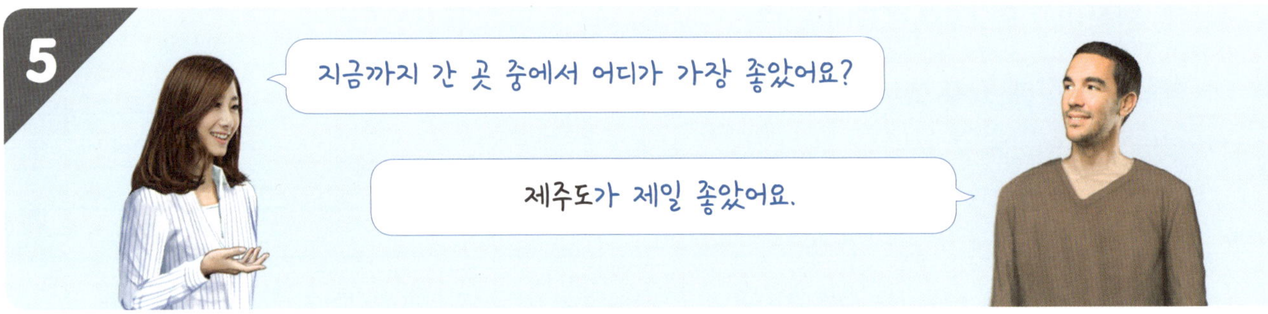

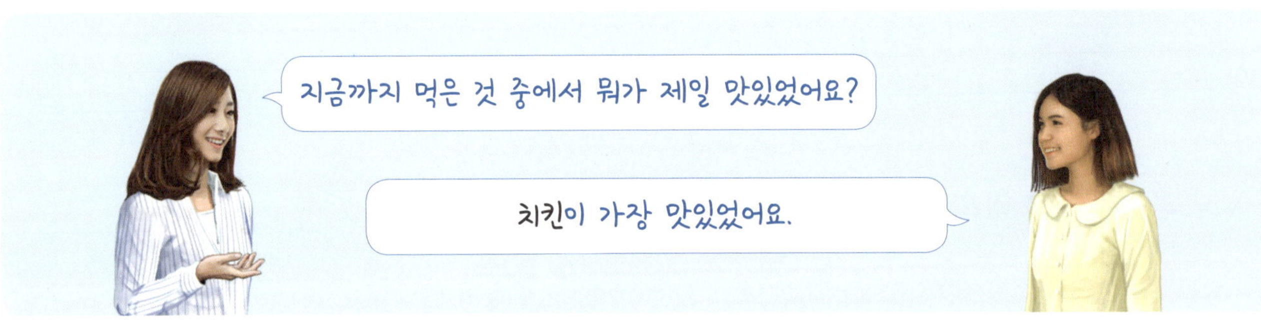

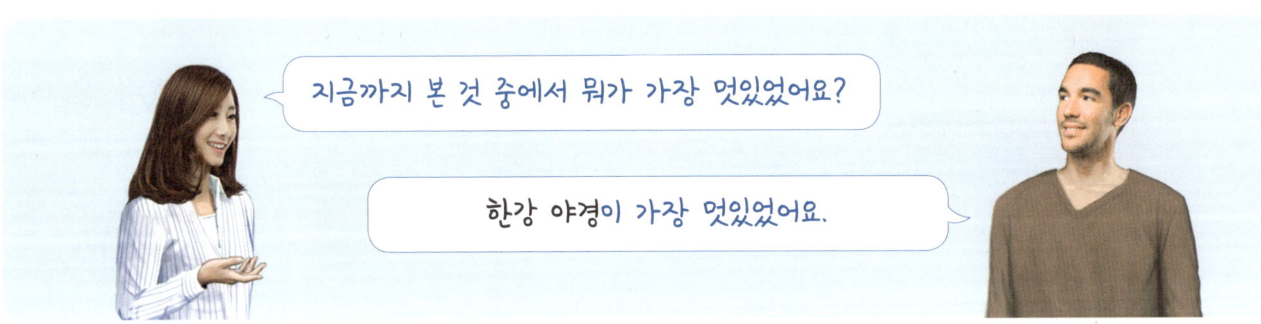

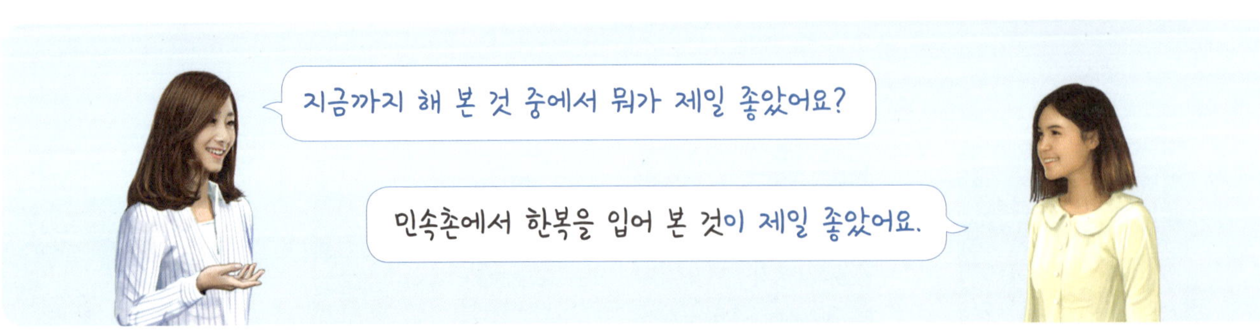

1 그림을 보고 친구하고 이야기해 봐요.
看下面图片，并和朋友一起聊一聊吧。

①

온천

②

미술관

③

불고기

④

비빔밥

⑤

민속촌

⑥

호수

2 여러분은 지금까지 한국에서 경험해 본 것 중에서 뭐가 제일 좋았어요? 친구하고 이야기해 봐요.
到目前为止，你在韩国经历过的最好的事情是什么？跟朋友聊一聊。

간 곳　　먹은 것　　본 것　　해 본 것

한 번 더 연습해요 再练习一遍

1 **다음 대화를 들어 보세요.** (072)
听听下面的对话。

1) 카밀라 씨는 어디에 여행을 갔어요?
卡米拉去哪里旅行了?

2) 거기에서 무엇을 했어요?
在那里做了什么?

2 **다음 대화를 연습해 보세요.**
练习下面的对话。

이건 어디에서 찍은 거예요?

쇼핑몰에서 찍은 거예요.
부산 여행 때 가 봤어요.

부산에서 간 곳 중에서 어디가 가장 좋았어요?

바닷가가 제일 좋았어요.
이게 바닷가 사진이에요.

정말 좋았겠네요.

3 여러분도 이야기해 보세요.

大家也聊一聊。

1)

가	어디에서 찍다
나	폭포 제주도 해수욕장

2)

가	어디에서 먹다
나	시장 중국 만두

3)

가	어디에서 찍다
나	박물관 영국 공원

이제 해 봐요 现在试一试

들어요

1 다음은 여행 경험에 대한 대화입니다. 잘 듣고 질문에 답해 보세요. (073)

以下是关于旅行经历的对话。请认真听，然后回答问题。

1) 웨이 씨는 여행지에서 어디에 갔어요? 무엇을 했어요? 순서대로 번호를 쓰세요.

王伟在旅行目的地去了哪里？做了什么？请按顺序填入序号。

2) 들은 내용과 같은 것을 고르세요.

请选出与所听内容一致的选项。

① 웨이 씨는 혼자 여행을 갔어요.

② 웨이 씨는 여행지에서 요리를 배웠어요.

③ 웨이 씨는 여행지에서 수영을 해 봤어요.

말해요

1 여러분의 여행 경험에 대해 이야기해 보세요.

聊一聊你的旅行经历。

1) 지금까지 한 여행 중에서 어떤 곳이 가장 좋았어요? 어디에 가고 무엇을 해 봤어요? 또 그곳의 느낌은 어땠어요? 메모하세요.

到目前为止所有的旅行中，你最喜欢哪个地方？去了哪里，做了什么？那个地方的感觉如何？请记下来。

간 곳	한 일	느낌

2) 메모한 내용을 바탕으로 친구하고 이야기하세요.
根据记下的内容，跟朋友聊一聊。

3) 친구가 간 여행지 중에서 어디에 가 보고 싶어요? 왜 그렇게 생각해요?
朋友去过的旅行目的地中你最想去哪儿？为什么那么认为？

읽어요

1 다음은 두엔 씨가 여행을 갔다 와서 쓴 글입니다. 잘 읽고 질문에 답해 보세요.
以下是杜安旅行回来后写的短文。请仔细阅读，然后回答问题。

저는 여행을 좋아해요. 그래서 한국에서 여행을 많이 해 봤어요. 지금까지 간 곳 중에서 태백이 제일 좋았어요. 태백에는 작년 겨울에 친구하고 같이 갔어요. 태백에 갔을 때 눈이 많이 왔어요. 제 고향에는 눈이 안 와서 저는 그날 눈을 처음 봤어요. 나무(→ 树)도 산도 모두 ㉠하얗고 예뻤어요. 우리는 눈으로 만든 카페에도 들어가 봤어요. 정말 좋았어요.

1) 두엔 씨는 어디에 여행을 갔어요?
杜安去哪儿旅行了？

2) 두엔 씨는 왜 그곳이 가장 좋았다고 했어요?
杜安为什么说他最喜欢那个地方？

3) '㉠하얗고'의 의미가 무엇일까요?
'㉠하얗고' 是什么意思？

쓰기

1 **여러분의 여행 경험을 써 보세요.**
请写一写你的旅行经历。

1) 다음에 대해 메모하세요.
记好以下内容。

어디에 갔어요?

거기에서 무엇을 했어요?

거기에서 무엇이 제일 좋았어요?

2) 메모한 내용을 바탕으로 글을 쓰세요.
以记录的内容为基础写一篇短文。

발음 비음화 鼻音化

- **밑줄 친 부분의 발음에 주의하면서 다음을 들어 보세요.** 074
  请听下列内容，并着重留意划线部分的发音。

1)
가 친구랑 경주에 갔다 왔어요.
나 참 좋았겠네요.

2)
가 밥하고 국 더 먹을래요?
나 밥만 좀 더 주세요.

收音"ㄱ(ㄲ, ㅋ, ㄳ, ㄺ), ㄷ(ㅅ, ㅆ, ㅈ, ㅊ, ㅌ, ㅎ), ㅂ(ㅍ, ㄼ, ㄿ, ㅄ)"在"ㄴ, ㅁ"之前会发成[ㅇ, ㄴ, ㅁ]的音。

- **다음을 읽어 보세요.**
  请读出下列内容。

1) 한국말을 더 잘하고 싶어요.
2) 하준 씨는 대학교 삼학년이에요.
3) 봄이라서 경치가 예뻤겠네요.
4) 수업이 끝난 후에 만나요.
5) 요즘 날씨가 참 덥네요.
6) 다른 건 다 있는데 시간만 없어요.

- **들으면서 확인해 보세요.** 075
  一边听一边进行确认。

자기 평가
自我评价

이번 과 공부는 어땠어요? 별점을 매겨 보세요!
这一课学习得如何？请用星星打个分！

여행 경험에 대해 묻고 답할 수 있어요?	☆☆☆☆☆

8

옷 사기

买衣服

생각해 봐요 想一想 081

1. 여기는 어디예요? 웨이 씨는 무엇을 사려고 해요?
   这是哪里？王伟想买什么？
2. 여러분은 어떤 옷을 사고 싶어요?
   你想买什么样的衣服？

학습 목표 学习目标

옷 가게에서 옷을 살 수 있다.
能在服装店买衣服。

- 옷, 색
- -는/(으)ㄴ 것 같다, -(으)ㄹ게요
- 옷 사기

배워요 学一学

1

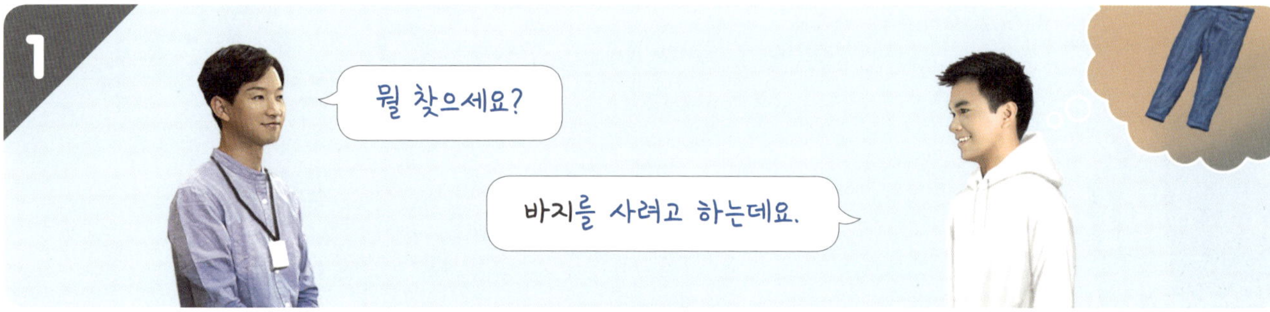

옷 衣服

바지
청바지
반바지
치마
셔츠
티셔츠
블라우스
스웨터
카디건
점퍼
재킷
코트
원피스

1 **다음과 같이 이야기해 봐요.**
围绕以下内容聊一聊。

가 뭘 찾으세요?

나 정장을 사려고 하는데요.

① 

② 

③ 

④ 

⑤ 

⑥ 

⑦ 

⑧ 

⑨ 

2 **다음에 대해 친구하고 이야기해 봐요.**
针对以下内容跟朋友聊一聊。

가장 많은 옷　　자주 입는 옷　　사고 싶은 옷

2

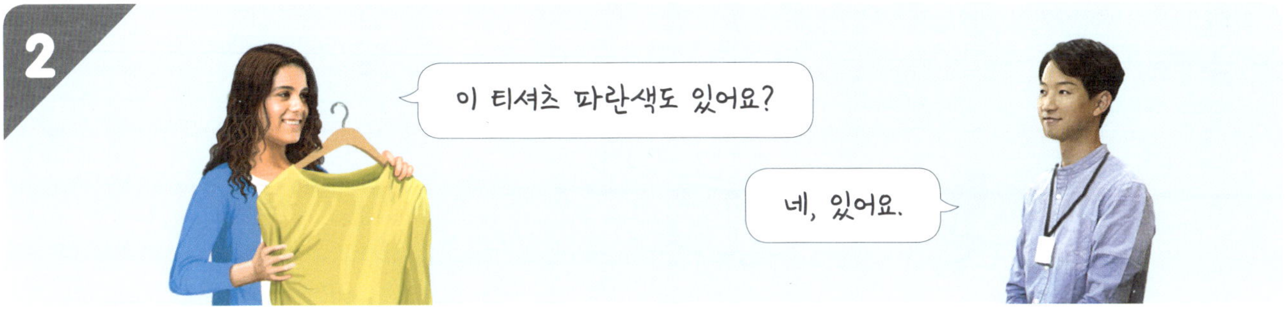

색 色

1) 가 이 빨간색 셔츠는 어떠세요?
　 나 그 색은 마음에 안 들어요.

2) 가 지아 씨는 보라색이 정말 잘 어울려요.
　 나 고마워요.

어울리다 适合、相称

1 다음과 같이 이야기해 봐요.
按下面的方式聊一聊。

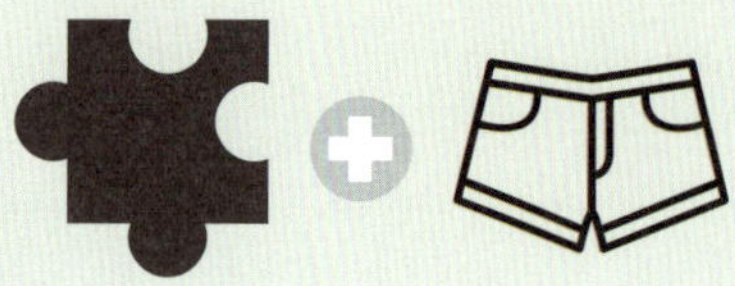

가 뭘 찾으세요?

나 까만색 바지 있어요?

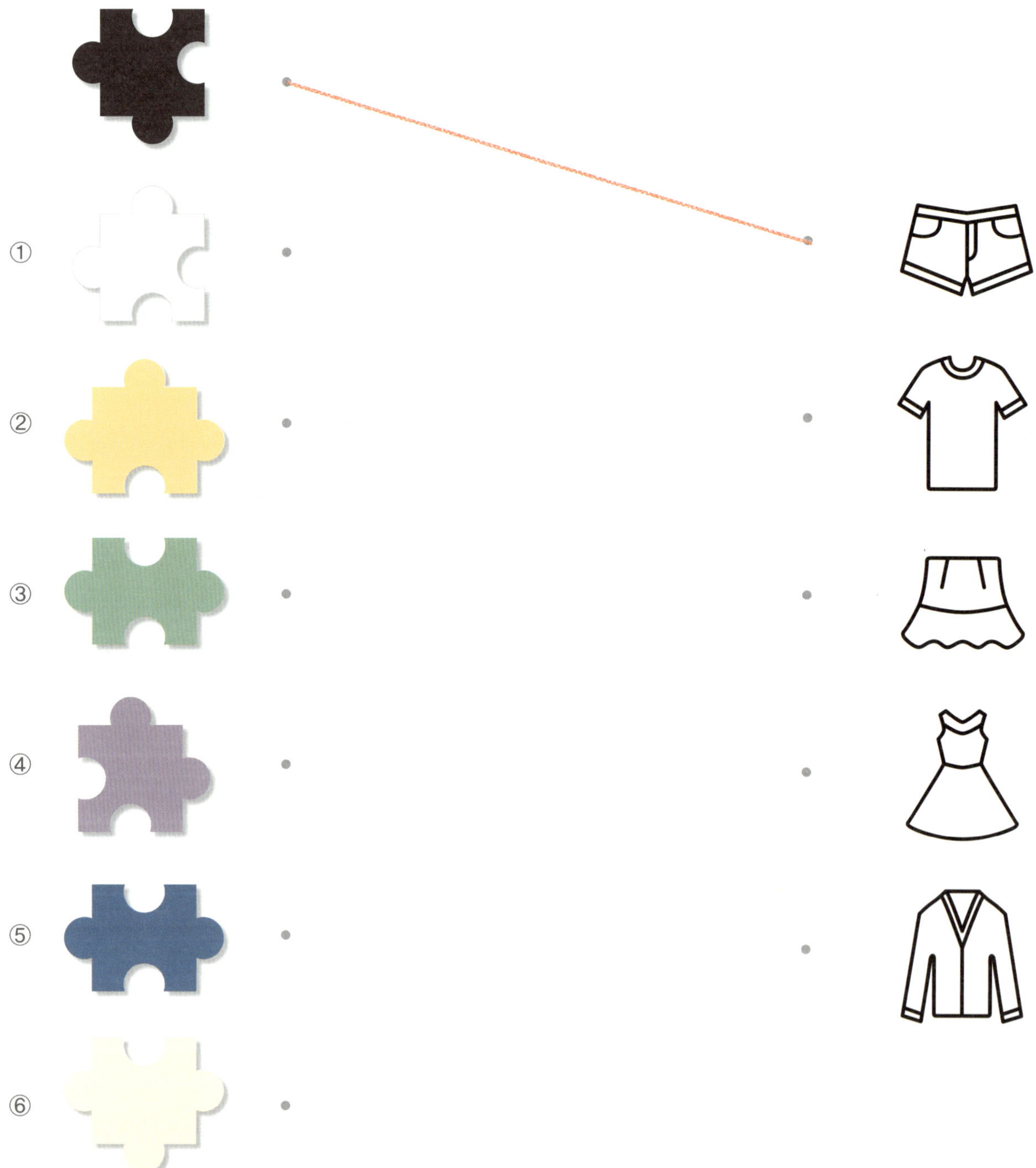

2 다음에 대해 친구하고 이야기해 봐요.
针对以下内容跟朋友聊一聊。

무슨 색 옷이 많다 | 무슨 색 옷이 적다 | 좋아하는 색 | 싫어하는 색

3

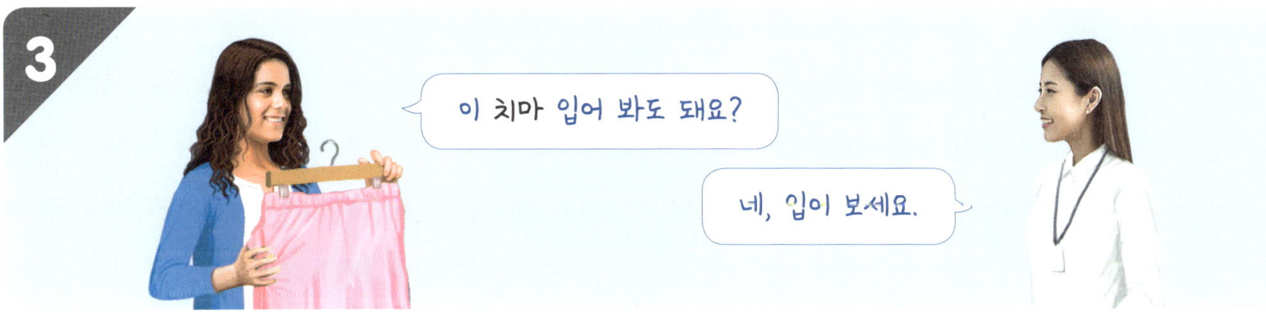

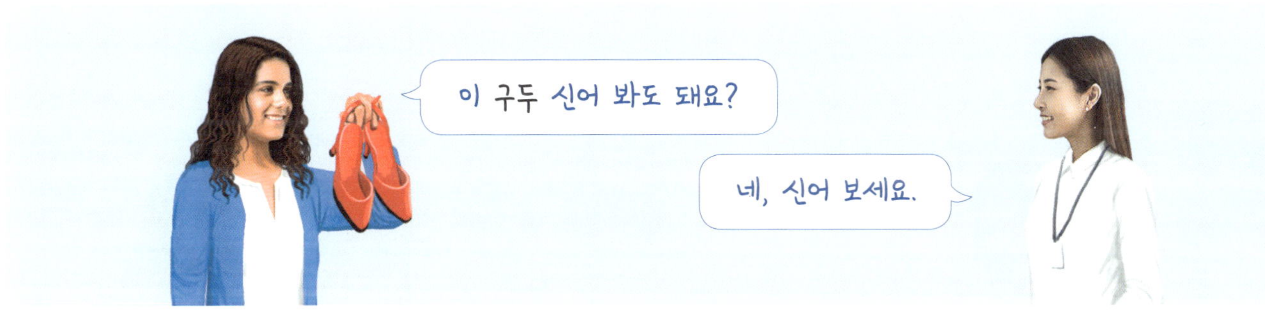

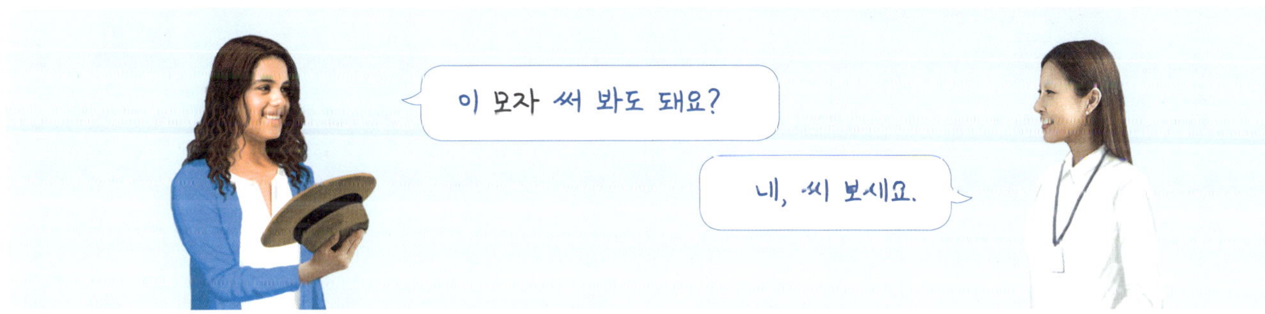

1 사진을 보고 친구하고 이야기해 봐요.
看着照片跟朋友聊一聊。

① 

② 

③ 

④ 

⑤ 

⑥ 

4

1) 가 어떠세요? 마음에 드세요?
   나 이건 저한테 잘 안 어울리는 것 같아요.

2) 가 옷이 잘 맞으세요? (맞다 合适)
   나 아니요, 좀 작은 것 같아요.

3) 가 한국 사람들은 매운 음식을 좋아하는 것 같아요.
   나 그래요? 안 좋아하는 사람들도 많아요.

4) 가 다니엘 씨는 왜 안 와요?
   나 오늘 약속이 있는 것 같아요. (约会；约定)

-는 것 같다/(으)ㄴ 것 같다

- 어떤 사실이나 상태에 대한 추측을 나타낸다.
  表示对某种事实或状态的推测。
- 자신의 의견을 겸손하고 부드럽게 이야기할 때 사용하기도 한다.
  也可用于谦虚温和地表达自己的意见。

동사, '있다, 없다'		-는 것 같다	먹는 것 같다 가는 것 같다 노는 것 같다
형용사	받침이 있을 때	-은 것 같다	작은 것 같다
	받침이 없거나 'ㄹ' 받침일 때	-ㄴ 것 같다	큰 것 같다 긴 것 같다

1 다음과 같이 이야기해 봐요.
围绕以下内容聊一聊。

좀 작다

가 어떠세요? 마음에 드세요?
나 좀 작은 것 같아요.

① 좀 크다
② 잘 맞다
③ 안 어울리다
④ 좀 길다
⑤ 생각보다 편하다
⑥ 색이 좀 어둡다

2 여러분은 우리 반 친구들에 대해서 많이 알고 있어요? 친구는 어떤 것 같아요? 다음과 같이 이야기해 봐요.
你对我们班的同学了解得多吗？你觉得同学们怎么样？围绕以下内容聊一聊。

좋아하는 옷

가 ○○ 씨는 무슨 옷을 좋아하는 것 같아요?
나 셔츠를 좋아하는 것 같아요.

좋아하는 옷

사는 곳

좋아하는 색

3 어떤 것 같아요? 다음에 대해 친구하고 이야기해 봐요.

你觉得怎么样？针对以下内容跟朋友聊一聊。

한국어 공부	한국 아이돌 가수	?

1) 가 어떠세요? 마음에 드세요?
   나 조금 별로예요. 다음에 올게요.

2) 가 현수 씨, 오늘 또 늦었네요. (又、再)
   나 미안해요. 내일부터는 일찍 올게요.

3) 가 오늘 점심은 제가 살게요.
   나 그러면 커피는 제가 살게요.

4) 가 무함마드 씨, 언제 올 거예요?
   나 오늘은 제가 좀 바빠요. 내일 갈게요.

-(으)ㄹ게요

- 자신의 결정이나 상대에 대한 약속을 나타낸다.
  表示自己的决定或与对方的约定。

- 여러 대상, 물건 가운데 하나를 선택할 때는 '(으)로'를 사용해요.
  在多个对象、物品中选择一个时，使用 '-(으)로'。
  주스로 주세요. 빨간색으로 할게요. 이걸로 살게요.

1 다음과 같이 이야기해 봐요.
围绕以下内容聊一聊。

다음에 오다
가 이걸로 드릴까요?
나 다음에 올게요.

① 다음에 사다

② 나중에 다시 오다 (나중에 → 以后，下次)

③ 조금 더 보다

④ 다른 것도 입어 보다

2 그림을 보고 친구하고 이야기해 봐요.
围绕以下内容聊一聊。

①

②

③

④

⑤

⑥

한 번 더 연습해요 再练习一遍

1 다음 대화를 들어 보세요. 082
听听下面的对话。

1) 여자는 무슨 옷을 사려고 해요?
女人要买什么样的衣服?

2) 여자는 무슨 색의 옷을 사고 싶어 해요?
女人想买什么颜色的衣服?

2 다음 대화를 연습해 보세요.
练习下面的对话。

어서 오세요. 뭘 찾으세요?

원피스를 하나 사려고 하는데요.

이 노란색 원피스는 어떠세요?

괜찮네요. 입어 봐도 돼요?

네, 입어 보세요.

어떠세요?

이건 저한테 잘 안 어울리는 것 같아요.
다음에 올게요.

3 여러분도 이야기해 보세요.
大家也聊一聊。

1) 가  나 멋있다 / 잘 맞다

2) 가  나 좋다 / 좀 크다

3) 가  나 괜찮다 / 색이 너무 어둡다

4) 가  나 괜찮다 / 잘 어울리다

이제 해 봐요 现在试一试

들어요

1 다음은 옷 가게에서의 대화입니다. 잘 듣고 질문에 답하세요. 083

以下是发生在服装店里的对话。请认真听，然后回答问题。

1) 남자는 무슨 옷을 샀어요? 쓰세요.
男人买了什么样的衣服？请写下来。

2) 들은 내용과 같으면 ○, 다르면 ×에 표시하세요.
与听到的内容一致时用 ○，不同时用 × 表示。

① 남자는 짧은 옷을 사고 싶어 해요. ○ ×

② 남자는 회색 옷을 입어 봤어요. ○ ×

읽어요

1 다음은 옷을 산 경험에 대해 쓴 글입니다. 잘 읽고 질문에 답해 보세요.

以下是一篇关于买衣服的经历的短文。请仔细阅读，然后回答问题。

주말에 옷을 사러 백화점에 갔어요. 여름 치마를 사고 싶었어요. 백화점에는 예쁜 옷들이 많았어요. 초록색 치마를 입어 봤는데 조금 긴 것 같았어요. 그리고 많이 비쌌어요. 안 사고 백화점에서 나왔어요. 백화점 근처에 작은 옷 가게가 하나 있었어요. 들어가서 구경을 했어요. 파란색 치마가 예뻐서 입어 봤어요. 나한테 잘 어울리고 싸서 그 치마를 샀어요.

1) 이 사람은 무슨 옷을 사러 갔어요?
这个人想去买什么样的衣服？

2) 이 사람은 백화점에서 왜 옷을 안 샀어요?
这个人在百货商店为什么没买衣服？

3) 이 사람은 무슨 옷을 샀어요? 왜 그 옷을 샀어요?
这个人买了什么衣服？为什么买了那件衣服？

말해요

1 점원과 손님이 되어 옷 가게에서 옷을 사고팔아 보세요.

请大家分别扮成店员和顾客，并试着在服装店买卖衣服吧。

1）여러분은 무슨 옷을 사고 싶어요? 사고 싶은 옷, 색, 가격을 메모하세요.
你想买什么样的衣服？记下想买的衣服、颜色与价格。

옷의 종류	색	가격
✓ 블라우스	✓ 분홍색	✓ 20,000원 정도

2）여러분의 옷 기게에는 무슨 옷이 있어요? 얼마예요? 가격을 메모하세요.
你的服装店里都有什么衣服？多少钱？记下衣服的价格。

3）옷을 사고파세요.
请试着买卖衣服吧。

써요

1 여러분이 좋아하는 옷에 대해 써 보세요.

写一写你喜欢的衣服。

1) 다음에 대해 메모하세요.
记好以下内容。

어떤 옷을 좋아해요?

어떤 옷을 자주 입어요?

무슨 색을 좋아해요?

어떤 옷이 잘 어울려요?

2) 메모를 바탕으로 글을 쓰세요.
请以记录的内容为基础写一篇短文。

문화 한국인과 색 韩国人与颜色

- 한국을 대표하는 색은 무슨 색일까요?
  韩国的代表色是什么颜色呢?

韩国传统里较为偏好将各种颜色协调地混合在一起使用。

- 한국 사람이 좋아하는 색은 어떤 색일까요?
  韩国人喜欢哪些颜色?

根据调查，韩国人最喜欢的颜色是蓝色，其次是绿色和紫色，然后是靛色。表示喜欢蓝色系的受访者数接近受访者总数的一半。

✔ 한국인이 좋아하는 색

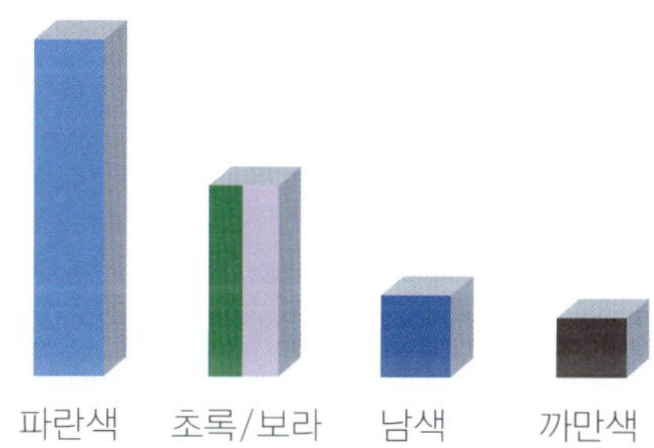

然而在最喜欢的衣服颜色中，黑色获得了压倒性的支持，这可能是因为人们觉得黑色不受季节限制，是所有颜色中最时尚、最经典而又最具权威的颜色。但在为体育赛事加油助威时，记得准备 件充满激情的红色T恤哟！

- 여러분 나라에서는 어떤 색이 인기가 많아요? 친구하고 이야기해 보세요.
  在你的国家哪种颜色最受欢迎? 跟朋友聊一聊。

자기 평가
自我评价

이번 과 공부는 어땠어요? 별점을 매겨 보세요!
这一课学习得如何? 请用星星打个分!

옷 가게에서 옷을 살 수 있어요?	☆ ☆ ☆ ☆ ☆

23

9

축하와 위로

祝贺与安慰

생각해 봐요 想一想 091

1 오늘은 무슨 날이에요? 지아 씨는 기분이 어떤 것 같아요?
今天是什么日子？智雅的心情看起来如何？

2 여러분은 오늘 기분이 어때요?
你今天的心情如何？

학습 목표 学习目标

축하와 위로를 할 수 있다.
能表达祝贺与安慰。

- 기분 · 감정, 축하하는 일, 위로하는 일
- -는데/(으)ㄴ데, -(으)ㄹ 것이다
- 축하하기, 위로하기

배워요 学一学

1

기분·감정 心情 · 情感

행복하다

기쁘다

걱정되다

외롭다

무섭다

슬프다

짜증이 나다

화가 나다

기분이 좋다

기분이 안 좋다

기분이 나쁘다

1) 가 기분이 안 좋아요?
   나 네, 좀 짜증이 나요.

2) 가 무슨 좋은 일 있어요?
   나 네, 시험이 끝나서 정말 기뻐요.

1 알맞은 것을 연결하고 다음과 같이 이야기해 봐요.

将相符的内容连起来，并按照下面的例子进行说话吧。

> 가 무슨 일 있어요?
> 나 내일 시험이 있어요. 너무 걱정돼요.

①  나만 여자 친구가 없다 • • 기쁘다

②  내일 시험이 있다 • • 외롭다

③  친구가 제 생일을 모르다 • • 슬프다

④  기숙사에 혼자 있나 • • 걱정되다

⑤  친구가 고향으로 돌아가다 • • 회기 니디

⑥  좋아하는 가수의 콘서트에 가다 • • 무섭다

2 여러분은 언제 기분이 좋아요? 언제 화가 나요? 친구하고 이야기해 봐요.
你什么时候开心？什么时候生气？跟朋友聊一聊。

기분이 좋다	외롭다	짜증이 나다
행복하다	무섭다	화가 나다

맛있는 음식을 먹다

잠을 못 자다

돈이 없다

비가 오다

날씨가 좋다

배가 고프다

밤에 집에 혼자 있다

선물을 받다 → 收到

?

숙제가 많다

아프다

친구가 전화를 안 하다

2

축하하는 일 值得祝贺的事

시험을 잘 보다

장학금을 받다

시험에 합격하다

아르바이트를 구하다

회사에 취직하다

승진하다

남자/여자 친구가 생기다

결혼하다

- '결혼하다'는 미래의 일이라도 '결혼할 거예요'라고 말하지 않고 '결혼해요'라고 말해요.

  '결혼하다'即使是发生在未来的事，也不说 '결혼할 거예요'，而是说 '결혼해요'。

  저 다음 달에 결혼해요.

1 사진을 보고 친구하고 이야기해 봐요.
看着照片跟朋友聊一聊。

①

②

③

④

2 여러분은 최근에 무슨 좋은 일이 있었어요? 친구하고 이야기해 봐요.
你最近有什么开心的事吗? 跟朋友聊一聊。

3

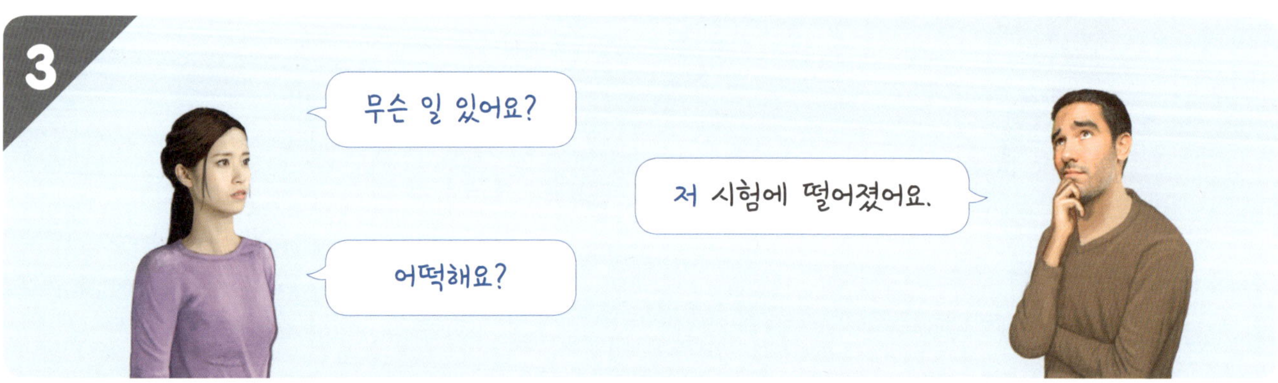

위로하는 일 需要安慰的事

시험을 잘 못 보다

시험에 떨어지다

*발표*할 때 실수하다

*물건*을 잃어버리다

*물건*이 고장 나다

남자/여자 친구하고 헤어지다

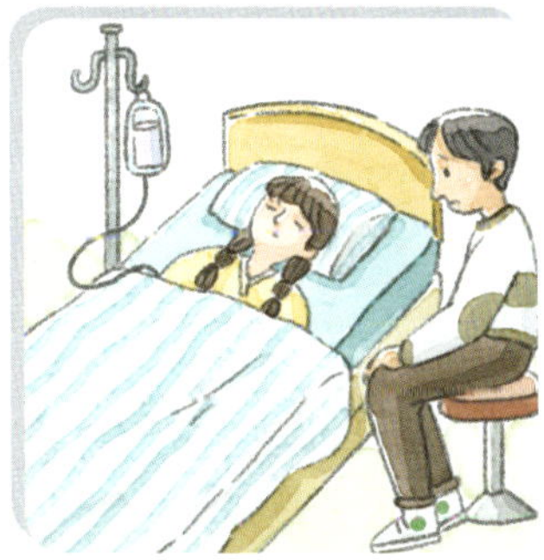

*동생*이 아프다

*할아버지*가 편찮으시다

*할머니*가 돌아가시다

*강아지*가 죽다

1 그림을 보고 친구하고 이야기해 봐요.
看图跟朋友聊一聊。

①

②

③

④

2 여러분은 최근에 무슨 안 좋은 일이 있었어요? 친구하고 같이 이야기해 봐요.
你最近有什么不开心的事吗? 跟朋友聊一聊。

1) 가 무슨 일 있어요?
   나 어제 휴대폰을 새로 샀는데 잃어버렸어요.

2) 가 밖에 비가 오는데 우산 있어요?
   나 네, 이거 쓰세요.

3) 가 다니엘 씨, 얼굴이 안 좋은데 어디 아파요?
   나 아니요, 그냥(就那样) 좀 피곤하네요.

4) 가 내일 면접(面试)을 보는데 좀 도와줄 수 있어요?
   나 그래요. 제가 도와줄게요.

-는데/(으)ㄴ데

- 앞의 내용이 뒤의 내용에 대한 상황이나 배경이 됨을 나타낸다.
  表示前半句成为后半句的情况或背景。

동사, '있다, 없다'		-는데	먹는데 가는데 있는데
형용사	받침이 있을 때	-은데	작은데
	받침이 없거나 'ㄹ' 받침일 때	-ㄴ데	큰데 먼데

1 다음과 같이 이야기해 봐요.
围绕以下内容聊一聊。

내일 면접이 있다, 몸이 안 좋다

가 내일 면접이 있는데 몸이 안 좋아요.

나 어떡해요?

① 오늘 등산을 가다, 밖에 비가 오다

② 배가 아프다, 휴지가 없다

③ 내일 면접을 보다, 얼굴에 뭐가 났다

④ 지갑을 선물 받았다, 잃어버렸다

⑤ 어제 옷을 샀다, 작다

⑥ 내일부터 방학이다, 아르바이트가 있어서 고향에 못 가다

2 다음과 같이 이야기해 봐요.
围绕以下内容聊一聊。

내일 발표를 하다, 친구가 도와줬다

가 내일 발표를 하는데 친구가 도와줬어요.

나 잘됐네요.

① 동생이 중국에 살다, 내일 한국에 놀러 오다

② 지난주에 면접을 봤다, 합격했다

③ 좋아하는 사람이 있다, 그 사람도 날 좋아하다

④ 어제 명동에 갔다, 영화배우를 봤다

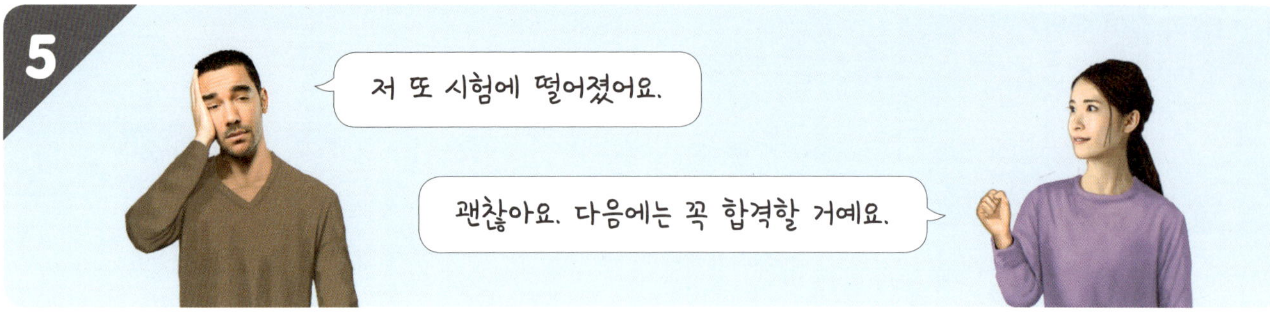

1) 가 다음 주에 면접이 있는데 너무 걱정돼요.
   나 걱정하지 마세요. 잘할 거예요.
   → 别担心

2) 가 이거 지아 씨 주려고 하는데 어때요?
   나 예쁘네요. 지아 씨가 좋아할 거예요.

3) 가 내일 숙제가 있어요?
   나 저도 오늘 학교에 안 가서 몰라요. 아마 없을 거예요.
   → 大概

4) 가 불고기는 매워요?
   나 글쎄요. 저도 아직 안 먹어 봤어요. 아마 안 매울 거예요.
   → 这个嘛、难说

-(으)ㄹ 것이다

- 어떤 사실이나 상태에 대한 추측을 나타낸다.
  表示对某种事件或状态进行的推测。

1 다음과 같이 알맞은 것을 연결하고 이야기해 봐요.
将相符的内容连起来，按下面的方式聊一聊。

가 저 이번에도 승진을 못 했어요.
나 괜찮아요. 다음에는 꼭 승진할 거예요.

① 내일 산에 가는데 지금 비가 오다	꼭 찾다
② 이번에도 승진을 못 했다	잘하다
③ 내일 면접을 보는데 너무 걱정되다	내일은 안 오다
④ 어제 산 가방을 잃어버렸다	더 좋은 사람 만나다
⑤ 사귀는 사람하고 헤어졌다	다음에는 꼭 승진하다
⑥ 동생이 아프다	다음에는 잘 보다
⑦ 열심히 공부했는데 시험을 잘 못 봤다	곧 낫다

곧 → 立刻、马上

2 다음과 같이 이야기해 봐요.
围绕以下内容聊一聊。

저 식당, 음식이 비싸다 — O

가 저 식당은 음식이 비싸요?
나 글쎄요. 아마 비쌀 거예요.

①	내일, 비가 오다	O
②	다음 주, 시험이 있다	X
③	기말시험, 어렵다	O
④	지아 씨, 꽃을 좋아하다	X
⑤	하준 씨, 여자 친구 있다	O
⑥	저 떡볶이, 맵다	X
⑦	저 카페, 사람이 많다	O
⑧	저 가수, 결혼했다	X

한 번 더 연습해요 再练习一遍

1 다음 대화를 들어 보세요. 092
听听下面的对话。

1) 지아 씨는 지금 기분이 어때요?
智雅现在心情如何?

2) 지아 씨는 무슨 일이 있었어요?
智雅发生了什么事?

2 다음 대화를 연습해 보세요.
练习下面的对话。

지아 씨, 무슨 일 있어요?
오늘 기분이 안 좋은 것 같아요.

동생이 감기에 걸렸는데
기침을 많이 하고 잠도 못 자요.

어떡해요? 걱정되겠네요.

동생이 빨리 나으면 좋겠어요.

3 여러분도 이야기해 보세요.

大家也聊一聊。

1)

가	
	기분이 안 좋다
	걱정되다

나	
	내일 면접이 있다, 준비를 많이 못 했다
	면접을 잘 보다

2)

가	
	기분이 좋다
	행복하다

나	
	지난달에 시험을 봤다, 합격했다
	다음 시험에도 합격하다

3)

가	
	기분이 안 좋다
	짜증이 나다

나	
	어제 가방을 샀다, 잃어버렸다
	찾을 수 있다

4)

가	
	기분이 좋다
	기쁘다

나	
	아르바이트 면접을 봤다, 합격했다
	일이 재미있다

이제 해 봐요 现在试一试

들어요

1 다음은 두 사람의 대화입니다. 잘 듣고 질문에 답하세요. 093

以下是两个人的对话。请认真听，然后回答问题。

1) 여자는 지금 기분이 어때요?
女人现在心情如何?

2) 들은 내용과 같으면 ◯, 다르면 ✕에 표시하세요.
与听到的内容一致时用 ◯，不同时用 ✕ 表示。

① 여자는 이번 주에 면접을 볼 거예요. ◯ ✕

② 여자는 남자하고 같이 면접을 준비할 거예요. ◯ ✕

읽어요

1 다음은 웨이 씨의 생일 이야기입니다. 잘 읽고 질문에 답해 보세요.

以下是关于王伟生日的内容。请仔细阅读，然后回答问题。

저는 작년 겨울에 한국에 왔어요. 한국 생활은 모든 것이 다 재미있어요. 그렇지만 가족들이 보고 싶어서 가끔 외롭고 힘들 때도 있어요.

모든 것 → 所有的事情

지난주 금요일은 제 생일이었어요. 그렇지만 그날도 저는 혼자 아침을 먹고 학교에 갔어요. 교실에 갔을 때 친구들이 생일 노래를 불러 주고 선물도 줬어요. 가족은 옆에 없었지만 좋은 친구들이 있어서 행복한 생일이었어요.

1) 웨이 씨의 생일은 언제예요?
王伟的生日是哪天?

2) 읽은 내용과 같으면 ○, 다르면 ×에 표시하세요.
与阅读的内容一致时用 ○，不同时用 × 表示。

① 웨이 씨는 생일에 가족하고 같이 있었어요. ○ ×

② 웨이 씨는 친구들한테 생일 선물을 받았어요. ○ ×

③ 웨이 씨는 생일에 기분이 정말 안 좋았어요. ○ ×

말해요

1 친구들하고 축하할 일이나 위로할 일을 이야기해 보세요.
跟朋友聊一聊值得祝贺的事或需要安慰的事。

1) 요즘 좋은 일이 있어요? 아니면 걱정되거나 힘든 일이 있어요? 생각해 보세요.
最近有什么开心的事吗？有什么令人担忧或困难的事吗？请想一想。

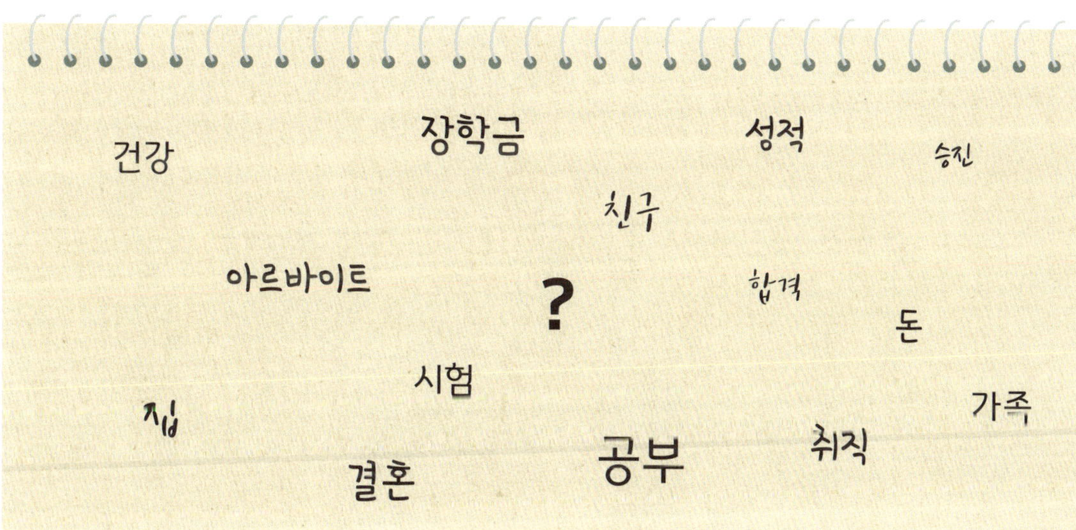

2) 친구한테 좋은 일이나 걱정되는 일을 이야기하세요. 그리고 여러분도 친구의 이야기를 듣고 축하나 위로를 해 주세요.
跟朋友聊一聊开心的事或担忧的事。你也听一听朋友的事，并给予祝贺或安慰。

써요

1 축하나 위로를 받은 경험을 써 보세요.

请写一写得到祝贺或安慰的经历。

1) 다음에 대해 생각해 보세요.
请思考一下以下的内容。

- 언제 무슨 일로 축하/위로를 받았어요?
  何时，因为什么事情得到过祝贺/安慰?

- 누구한테 축하/위로를 받았어요?
  谁祝贺/安慰了你?

- 그때 기분이 어땠어요?
  那时的心情如何?

2) 생각한 내용을 바탕으로 글을 쓰세요.
以想到的内容写一篇短文。

3) 친구의 글을 읽고 무슨 말을 해 줄 수 있을까요? 생각해 보세요.
读一读朋友写的内容，想一想能对他说些什么。

발음 소리 내어 읽기 2 出声朗读 2

- 다음을 읽어 보세요. 시간이 얼마나 걸렸어요? 094
  请读出下列内容。花了多长时间？

1) 우리 오빠는 지금 한국에 없어요. 미국에서 유학 중이에요. 언어학을 공부하고 있어요. 어렸을 때부터 항상 오빠와 함께 지냈는데 지금 오빠가 옆에 없으니까 많이 보고 싶어요. 미국하고 시간이 달라서 전화하는 것도 힘들어요. 오늘 밤에는 꼭 영상 통화를 하고 잘 거예요.

2) 저는 홍대에 자주 가요. 홍대에는 구경할 것이 많아요. 액세서리 가게도 많고 옷 가게도 많이 있어요. 그리고 맛있는 식당도 많고요. 여러 나라의 다양한 음식을 맛볼 수 있어서 좋아요. 홍대를 좋아하는 제일 큰 이유는 여러 음악을 들을 수 있기 때문이에요. 음악을 들으면서 홍대 거리를 걸으면 아주 행복해요.

- 다시 읽어 보세요. 이번에는 틀리지 말고 정확히 읽어 보세요.
  请再读一次，这次不要读错，准确地读出来。

- 다시 읽어 보세요. 이번에는 30초 안에 읽어 보세요.
  请再读一次，这次请在30秒内读完。

자기 평가
自我评价

이번 과 공부는 어땠어요? 별점을 매겨 보세요!
这一课学习得如何？请用星星打个分！

축하와 위로를 할 수 있어요?	☆ ☆ ☆ ☆ ☆

한국문화 동아리

10

안부

问候

생각해 봐요 想一想 101

1. 두 사람은 친구예요?
   这两个人是朋友吗?
2. 여러분은 요즘 어떻게 지내요?
   你最近过得怎么样?

학습 목표 学习目标

오래간만에 반난 친구하고 안부를 묻고 답할 수 있다.
能跟好久未见面的朋友相互问候。

- 근황, 관계
- 반말(-아/어/여), 반말(-야), -(으)ㄹ
- 안부 묻고 답하기

배워요 学一学

1

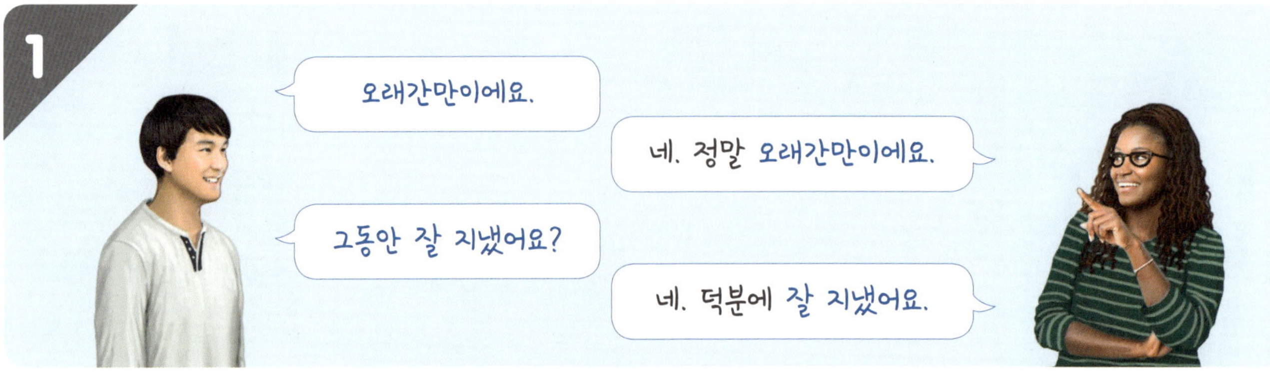

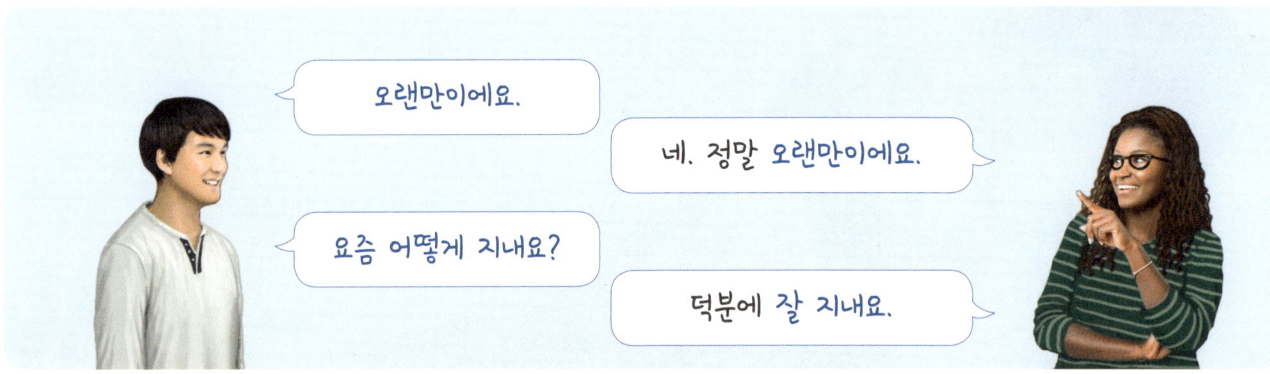

근황 近况

잘 지내다 | 별일 없다 | 정신없이 바쁘다 | 잘 못 지내다

1 다음과 같이 이야기해 봐요.
围绕以下内容聊一聊。

덕분에 잘 지내다

가 그동안 잘 지냈어요?
나 덕분에 잘 지냈어요.

① 잘 지내다
② 별일 없다
③ 정신없이 바쁘다
④ 좀 아프다

2 **친구는 요즘 어떻게 지내요? 이야기해 봐요.**
朋友最近过得怎么样？请说一说。

2

관계 关系

1) 가 요즘에도 과 동기들하고 자주 만나요?
나 아니요, 바빠서 연락도 못 하고 있어요.
연락하다 联系；联络

2) 가 이 식당에 처음 왔어요?
나 아니요, 사장님하고 몇 번 와 봤어요.

• '선배, 선배님, 사장님'은 사람을 부를 때도 사용해요.
'선배、선배님、사장님' 在称呼别人时也会使用。

1 다음과 같이 이야기해 봐요.
围绕以下内容聊一聊。

직장 상사

가 이 사람은 누구예요?
나 직장 상사예요.

①

과 동기

②

후배

③

회사 동료

④

반 친구

2 여러분의 휴대폰에는 누구 사진이 있어요? 친구들한테 소개해 봐요.
你的手机里都有谁的照片？向朋友介绍一下。

3
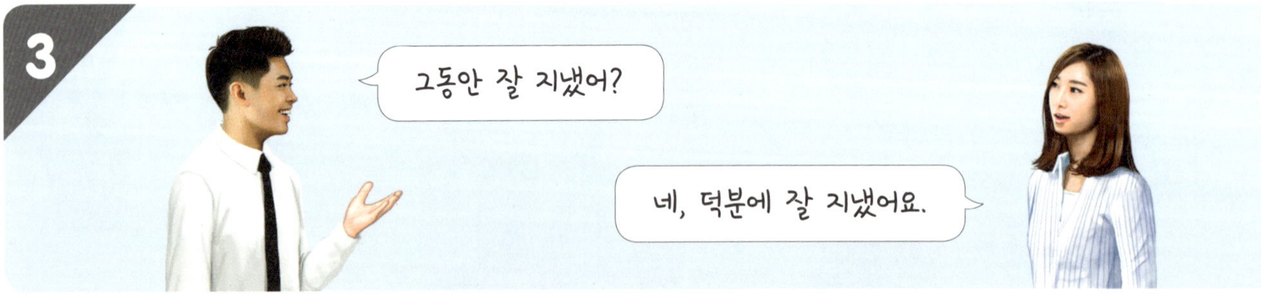

1) 가 그동안 잘 지냈어?
나 응, 잘 지냈어. 너도 잘 지냈지?
→ 你

2) 가 요즘 어떻게 지내?
나 다음 주에 시험이 있어서 정신없이 바빠.

3) 가 지난 주말에도 일했어?
나 아니, 지난 주말에는 오랜만에 집에서 푹 쉬었어.
→ 好好地

4) 가 점심 먹으러 갈래?
나 응, 좋아. 뭐 먹고 싶어?

→ 聚会
5) 가 오늘 모임에 지아는 안 와?
나 나도 잘 모르겠어. 지금 전화해 볼게.

→ 很长时间、很久
6) 가 늦어서 미안해. 오래 기다렸지?
나 아니, 나도 조금 전에 왔어. 뭐 마실래?

7) 가 많이 늦었네. 저녁은 먹고 왔어?
나 응, 사장님께서 사 주셨어.

반말 1(-아/어/여)

- 반말은 나이가 많은 사람이 나이가 어린 사람한테 또는 나이가 비슷한 친구나 동료 사이에서 사용한다. 대부분의 경우 아래와 같이 '-아요/어요/여요'체에서 '요'를 빼면 반말이 된다.
  平语用于年长者对年轻人或年龄相近的朋友和同事之间。大多数情况下只要像下面那样从'-아요/어요/여요'体中将'요'去掉即可变成平语。

-아요/어요/여요	→	-아/어/여
-았어요/었어요/였어요	→	-았어/었어/였어
-지요?	→	지?
-(으)ㄹ게요	→	-(으)ㄹ게
-(으)ㄹ래요?	→	-(으)ㄹ래?

• '네'의 반말은 '응'이고, '아니요'의 반말은 '아니'예요. 일상 대화에서는 '응' 대신에 '어'를 쓰기도 해요.
'네'的平语是'응'，'아니요'的平语是'아니'。在日常对话中，也会以'어'代替'응'使用。

1 지금 뭐 해요? 어제 뭐 했어요? 친구하고 반말로 묻고 대답해 봐요.
这些人现在在做什么？昨天做了什么？跟朋友用平语进行问答。

① 

② 

③ 

④ 

⑤ 

⑥ 

⑦ 

⑧ 

⑨ 

2 다음 대화를 반말로 바꿔서 이야기해 봐요.
用平语进行下面的对话。

①
가: 어디에서 왔어요?
나: 베트남에서 왔어요.

②
가: 영화 보는 것을 좋아해요?
나: 네, 좋아해요.

③
가: 졸업한 후에 무슨 일을 하고 싶어요?
나: 저는 대학원에 가려고 해요.

④
가: 보통 주말에 뭐 하세요?
나: 한강에서 자전거를 타요.

⑤
가: 사장님을 뵈러 왔는데요. 계세요?
(뵈다 拜会、拜访)
나: 아니요, 조금 전에 퇴근하셨어요.

⑥
가: 할머니께서는 건강하세요?
나: 좀 편찮으셨는데 이제 괜찮으세요.

3 여러분은 오늘 뭐 해요? 어제 뭐 했어요? 친구하고 반말로 묻고 대답해 봐요.
你今天做什么？昨天做了什么？跟朋友用平语进行问答。

4

1) 가 지금 몇 시야?
   나 세 시 삼십 분이야.

2) 가 이거 지아 가방이야?
   나 응, 지아 거야.

3) 가 저 남자가 네(你的) 남자 친구야?
   나 아니, 내 남자 친구 아니야. 과 선배야.

4) 가 오랜만이야. 그동안 잘 지냈어?
   나 정말 오랜만이야. 너도 잘 지냈지?

5) 가 수업 끝나고 뭐 할 거야?
   나 친구 만나서 식당에 갈 거야.

6) 가 주말에 뭐 할 거야?
   나 아직은 약속 없는데, 왜?

반말 2(-야)

- '-야'는 '이다', '아니다'에 붙는 반말제 어미이다.
  '야'是附加于'이다'，'아니다'的平语体词尾。
- 계획이나 예정을 나타내는 '-(으)ㄹ 것이다'의 반말은 '-(으)ㄹ 것이야'지만 일상 대화에서는 '-(으)ㄹ 거야'를 더 많이 사용한다.
  表示计划或打算的 '-(으)ㄹ 것이다'的平语虽然是 '-(으)ㄹ 것이야'，但在日常对话中，使用'-(으)ㄹ 거야'的情况更为普遍。

1 다음에 대해 반말로 묻고 대답해 봐요.
用平语进行下面的问答。

① 몇 월? / 8월	② 월요일? / 화요일	③ 어느 나라 사람? / 중국 사람
④ 중국 사람? / 한국 사람	⑤ 누구 전화? / 웨이 전화	⑥ 선배? / 친구
⑦ 사무실 어디? / 저기	⑧ 학생? / 선생님	⑨ 모임 언제? / 금요일 저녁

2 다음과 같이 이야기해 봐요.
围绕以下内容聊一聊。

가 수업 끝나고 뭐 할 거야?

나 친구하고 게임을 할 거야.

①

②

③

④

⑤

⑥

⑦

⑧

⑨

3 여러분은 오늘 수업이 끝나고 뭐 할 거예요? 이번 주말에 뭐 할 거예요? 친구하고 반말로 이야기해 봐요.
今天下课后你要做什么？这个周末你打算做什么？跟朋友用平语聊一聊。

5

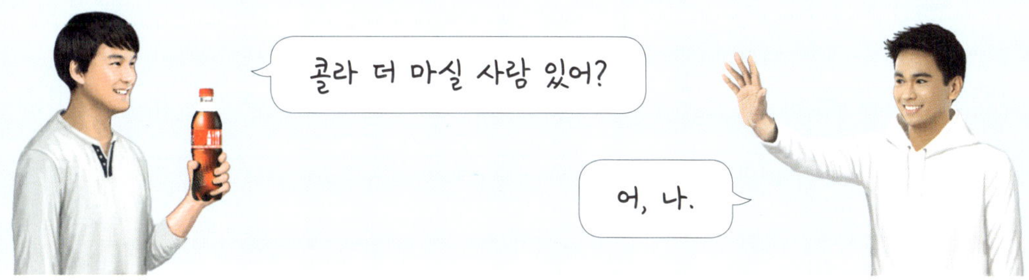

1) 가 지아야, 이게 뭐야?
 나 어머니한테 드릴 선물이에요.

2) 가 할 말이 있는데 지금 시간 괜찮아요?
 나 네, 이야기하세요.

3) 가 영진아, 이사 갈 집은 찾았어?
 나 아니, 아직 못 찾았어.

4) 가 요즘도 책 많이 읽어?
 나 아니, 요즘은 바빠서 책 읽을 시간이 별로 없어.

-(으)ㄹ

- 동사에 붙어 뒤에 오는 명사를 수식한다. 그 동작이 앞으로 일어남을 나타낸다.
  '-(으)ㄹ' 附加在动词上起到修饰名词的作用，表示该动作将在未来发生。

- 자신보다 어리거나 자신과 나이가 같은 한국 사람의 이름을 부를 때는 이름 뒤에 '아', '야'를 붙여요. 외국 사람의 이름 뒤에는 붙이지 않아요.
  称呼比自己年幼或跟自己同岁的韩国人的名字时，要在名字后面加上 '아'、'야'，外国人名后面则不加。

가 하준아, 안녕?
나 응, 지아야. 일찍 왔어?

1 다음과 같이 이야기하세요.
围绕以下内容聊一聊。

선물, 친구한테 주다

가 이게 뭐야?

나 친구한테 줄 선물이야.

① 음식, 저녁에 먹다

② 화장품(化妆品), 친구한테 선물하다

③ 책, 여행 가서 읽다

④ 과자, 친구들하고 먹다

⑤ 볼펜, 모임에서 쓰다

⑥ 정장, 수료식 때 입다

2 여러분은 요즘 바빠요? 외로워요? 얼마나 바쁜지, 얼마나 외로운지 친구하고 이야기해 봐요.
你最近忙吗？孤单吗？跟朋友聊一聊你有多忙，多孤单。

밥을 먹다
게임을 하다
친구를 만나다
집에 전화하다
책을 읽다
음악을 듣다
커피를 마시다
화장실에 가다
……

＋

친구
사람
시간
??

가 요즘 바빠?

나 응, 밥 먹을 시간도 없어.

가 요즘 외로워?

나 응, 같이 밥을 먹을 친구도 없어.

한 번 더 연습해요 再练习一遍

1 **다음 대화를 들어 보세요.** 听听下面的对话。 102

1) 하준 씨와 슬기 씨는 요즘 어떻게 지내요? 夏俊和涩琪最近过得怎么样?

2) 두 사람은 무엇에 대해 이야기해요? 两个人在聊些什么呢?

2 **다음 대화를 연습해 보세요.** 练习下面的对话。

하준아, 안녕. 오래간만이야.

어, 슬기야. 정말 오랜만이야.

그동안 어떻게 지냈어?

잘 지냈어. 너는 요즘 어떻게 지내?

나는 요즘 취직 준비를 하고 있어.

3 **여러분도 이야기해 보세요.** 大家也聊一聊。

	가	나
1)	식당에서 아르바이트를 하다	잘 지내다
2)	이사 갈 집을 찾다	정신없이 바쁘다
3)	대학교 입학 준비를 하다	별일 없다
4)	베트남어를 배우러 다니다	덕분에 잘 지내다

이제 해 봐요 现在试一试

들어요

1 다음은 안부를 묻는 두 사람의 대화입니다. 잘 듣고 질문에 답해 보세요. 103

以下是两人之间相互问候的对话。请认真听，然后回答问题。

1) 두 사람은 어떤 관계예요?
两个人是什么关系?

① 직장 동료　　② 과 동기　　③ 학교 선후배

2) 들은 내용과 같으면 ○, 틀리면 × 에 표시하세요.
与听到的内容一致时用 ○，不同时用 × 表示。

① 남자는 대학원에 가려고 해요. ○ ×

② 여자는 그동안 모임에 자주 못 왔어요. ○ ×

③ 두 사람은 어제 같이 밥을 먹었어요. ○ ×

말해요

1 1급 때의 반 친구들은 그동안 어떻게 지냈는지 묻고 대답해 보세요.

一起读1级时的同学这段时间过得怎么样，请提问并回答。

1) 1급이 끝난 후부터 지금까지 어떻게 지냈는지 메모하세요.
1级结束后到现在他们过得怎么样，请记下来。

☆ 한국어 공부　　☆ 한국 생활　　☆

2) 1급 때의 친구들을 만나서 어떻게 지냈는지 묻고 대답하세요.
见一见一起读1级时的同学，针对他们这段时间的近况进行问答。

읽어요

1 **다음은 웨이 씨가 친구하고 주고받은 문자 메시지입니다. 잘 읽고 질문에 답해 보세요.**
以下是王伟跟朋友收发的文字短信。请仔细阅读，然后回答问题。

← 알리

웨이, 안녕! 나 알리야^^
그동안 잘 지냈어?
우리 1급 C반 반모임을 하려고 해.
다음 주 금요일 저녁에 시간 있어?
다른 친구들한테도 연락하고 있고,
김 선생님도 오실 거야.

오후 2:33

알리, 오래간만이야!!
너도 잘 지내지?
난 그동안 조금 바빴어.
금요일에는 시간 있어.
빨리 친구들 보고 싶어.
만날 장소는 어디야?

오후 2:37

1) 알리 씨는 왜 문자를 보냈어요?
爱丽为什么发送短信?

2) 읽은 내용과 같은 것을 고르세요.
选出与所读内容相同的项。

① 모임은 다음 주 금요일에 할 거예요.

② 웨이 씨는 바빠서 모임에 안 갈 거예요.

쓰요

1 여러분도 문자 메시지를 보내 보세요.

你也试着发送一条短信。

1) 1급 때 반 친구 중에서 반말로 문자를 보낼 친구를 생각해 보세요.
想一想在一起读1级时的同学中谁是能用平语发短信的人。

2) 어떤 내용으로 문자를 보낼지 생각해 보세요.
想一想要发一条什么内容的短信。

3) 문자로 보내기 전에 먼저 쓰세요.
发送短信之前请先写下来。

4) 위에 쓴 내용을 친구한테 문자로 보내세요.
将上面写下的内容用短信发送给朋友。

문화 지칭어·호칭어 称谓词、称呼词

- 여러분은 한국어에서 사람을 가리킬 때 사용하는 말을 알아요?
  你知道在韩国用什么词称呼一个人吗?

称呼自己的第一人称中有"저"、"나"。

第二人称有"너"。

第三人称有"그 얘(걔)"、"그 사람"、"그 남자"、"그 여자"等。

"지아 씨"、"사장님"、"선배"等这些表示名字，职位，与自己的关系的词也可以用于称呼词。

- 사람을 부를 때는 어떻게 할까요? 要如何称呼别人?

称呼别人时最常使用的是名字。但也会使用像"선배님"、"사장님"这些体现与自身的关系或此人职位等的称呼，还有像"언니"、"누나"、"오빠"、"형"等表示家人称谓的词。

- 한국 사람들처럼 다른 사람들을 가리키거나 불러 봐요.
  试试像韩国人那样指代或称呼别人。

자기 평가
自我评价

이번 과 공부는 어땠어요? 별점을 매겨 보세요!
这一课学习得如何? 请用星星打个分!

오래간만에 만난 친구하고 안부를 묻고 답할 수 있어요?	☆☆☆☆☆

정답

6과 가족

들어요

1) ①
2) ②

읽어요

2) 제 이야기를 잘 들어 주시고 언제나 믿어 주셔서
3) ① ✕ ② ✕

7과 여행

들어요

1) ③, ①, ②
2) ③

읽어요

1) 태백에 갔어요.
2) 눈을 처음 봐서

8과 옷 사기

들어요

1) 회색 재킷
2) ① ✕ ② ○

읽어요

1) 여름 치마를 사러 갔어요.
2) 치마가 길고 비싸서 안 샀어요.
3) 파란색 치마, 싸고 잘 어울려서

9과 축하와 위로

들어요

1) 걱정돼요. (슬퍼요.)
2) ① ○ ② ✕

읽어요

1) 지난주 금요일
2) ① ✕ ② ○ ③ ✕

10과 안부

들어요

1) ③
2) ① ✕ ② ○ ③ ✕

읽어요

1) 반모임 하는 것을 말해 주고 싶어서
2) ①

듣기 지문

6과 가족

061 생각해 봐요

카밀라 가족한테 자주 전화해요?
두엔 네, 자주 해요. 어제도 어머니, 남동생하고 영상 통화를 했어요.

062 한 번 더 연습해요

지아 무함마드 씨는 가족이 어떻게 돼요?
무함마드 아버지, 아내 그리고 아들이 한 명 있어요.
어머니는 제가 어렸을 때 돌아가셨어요.
지아 그래요? 가족이 모두 같이 살아요?
무함마드 아니요, 아버지께서는 이집트에 계세요. 거기에서 작은 식당을 하세요.

063 이제 해 봐요

남 리나 씨는 가족이 어떻게 돼요?
여 할머니, 부모님 그리고 언니가 한 명 있어요. 제가 막내예요.
남 부모님은 어디에서 사세요?
여 전에는 도쿄에서 사셨어요. 그런데 저희 할아버지가 돌아가신 후 할머니가 계시는 고향으로 이사 가셨어요. 1년 전에요.
남 할머니는 건강하세요?
여 네, 건강하세요.

7과 여행

071 생각해 봐요

두엔 다니엘 씨, 방학에 뭐 했어요?
다니엘 저 무함마드 씨하고 제주도에 갔다 왔어요.
바다도 보고 맛있는 음식도 먹고 정말 좋았어요.

072 한 번 더 연습해요

두엔 이건 어디에서 찍은 거예요?
카밀라 쇼핑몰에서 찍은 거예요. 부산 여행 때 가 봤어요.
두엔 부산에서 간 곳 중에서 어디가 가장 좋았어요?
카밀라 바닷가가 제일 좋았어요. 이게 바닷가 사진이에요.
두엔 정말 좋았겠네요.

073 이제 해 봐요

여 웨이 씨, 방학 때 뭐 했어요?
남 친구들하고 라오스에 갔다 왔어요.
여 라오스요? 좋았겠네요. 가서 뭐 했어요?
남 첫째 날은 사원을 구경하고, 유명한 식당에서 라오스 음식을 먹어 봤어요.
그리고 다음 날에는 강으로 갔어요.
여 강에서 수영도 했어요?
남 네, 수영도 하고 사진도 많이 찍었어요.

8과 옷 사기

081 생각해 봐요

점원 어서 오세요. 어떤 옷을 찾으세요?
웨이 티셔츠를 하나 사려고 하는데요.

082 한 번 더 연습해요

점원 어서 오세요. 뭘 찾으세요?
지아 원피스를 하나 사려고 하는데요.
점원 이 노란색 원피스는 어떠세요?
지아 괜찮네요. 입어 봐도 돼요?
점원 네, 입어 보세요.
어떠세요?
지아 이건 저한테 잘 안 어울리는 것 같아요.
다음에 올게요.

083 이제 해 봐요

여 어서 오세요. 어떤 옷을 찾으세요?
남 재킷을 좀 보려고 하는데요.
여 이건 어떠세요? 손님들이 많이 사세요.
남 음, 그건 너무 짧은 것 같아요. 다른 것은 없어요?
여 이 까만색 재킷은 어때요?
남 괜찮은데, 다른 색도 있어요?
여 네, 갈색하고 회색도 있어요.
남 그럼 회색으로 한번 입어 볼게요.
여 어떠세요? 마음에 드세요?
남 네, 이걸로 주세요.

9과 축하와 위로

091 생각해 봐요

카밀라 지아 씨, 생일 축하해요.
지아 고마워요.
웨이 이거 선물이에요.

092 한 번 더 연습해요

다니엘 지아 씨, 무슨 일 있어요? 오늘 기분이 안 좋은 것 같아요.
지아 동생이 감기에 걸렸는데 기침을 많이 하고 잠도 못 자요.
다니엘 어떡해요? 걱정되겠네요.
지아 동생이 빨리 나으면 좋겠어요.

093 이제 해 봐요

남 파티마 씨, 왜 그래요? 무슨 일 있어요?
여 지난주에 면접을 봤는데 떨어졌어요.
남 어떡해요?
여 이번 주에도 다른 면접이 있는데 너무 걱정돼요. 이번에도 한국어 면접이에요.
남 이번에는 잘할 거예요. 걱정하지 마세요.
여 준비를 많이 해서 이번 면접에서는 꼭 합격하면 좋겠어요.

10과 안부

101 생각해 봐요

지아 선배, 회사 일은 어때요? 요즘도 바빠요?
용재 요즘은 별로 안 바빠. 지아 너는 어때?
지아 저는 잘 지내요.

102 한 번 더 연습해요

슬기 하준아, 안녕. 오래간만이야.
하준 어, 슬기야. 정말 오랜만이야.
슬기 그동안 어떻게 지냈어?
하준 잘 지냈어. 너는 요즘 어떻게 지내?
슬기 나는 요즘 취직 준비를 하고 있어.

103 이제 해 봐요

남 선배, 정말 오래간만이에요.
여 그래, 정말 오랜만이네. 잘 지냈지?
남 네. 그런데 선배, 요즘도 많이 바빠요? 모임에도 거의 안 오시고요.
여 그동안 회사 일이 많이 바빴어. 그런데 지난달에 나, 회사 그만두었어. 대학원에 들어가려고 해.
남 그래요? 그럼 이제 학교에서 선배 자주 볼 수 있겠네요.
여 다음 달부터는 매일 도서관에서 공부할 건데, 밥 먹을 사람 없으면 연락해.

발음

7과 비음화

074 1) 가 친구랑 경주에 갔다 왔어요.
나 참 좋았겠네요.
2) 가 밥하고 국 더 먹을래요?
나 밥만 좀 더 주세요.

075 1) 한국말을 더 잘하고 싶어요.
2) 하준 씨는 대학교 삼학년이에요.
3) 봄이라서 경치가 예뻤겠네요.

4) 수업이 끝난 후에 만나요.

5) 요즘 날씨가 참 덥네요.

6) 다른 건 다 있는데 지갑만 없어요.

9과 소리 내어 읽기 2

094

1) 우리 오빠는 지금 한국에 없어요. 미국에서 유학 중이에요. 언어학을 공부하고 있어요. 어렸을 때부터 항상 오빠와 함께 지냈는데 지금 오빠가 옆에 없으니까 많이 보고 싶어요. 미국하고 시간이 달라서 전화하는 것도 힘들어요. 오늘 밤에는 꼭 영상 통화를 하고 잘 거예요.

2) 저는 홍대에 자주 가요. 홍대에는 구경할 것이 많아요. 액세서리 가게도 많고 옷 가게도 많이 있어요. 그리고 맛있는 식당도 많고요. 여러 나라의 다양한 음식을 맛볼 수 있어서 좋아요. 홍대를 좋아하는 제일 큰 이유는 여러 음악을 들을 수 있기 때문이에요. 음악을 들으면서 홍대 거리를 걸으면 아주 행복해요.

어휘 찾아보기 (단원별)

6과

• **가족**

아버지, 어머니, 부모님, 형, 누나, 오빠, 언니, 남동생, 여동생, 남편, 아내, 딸, 아들, 할아버지, 할머니, 삼촌, 고모, 이모, 사촌, 조카, 친척

• **형제**

첫째, 둘째, 셋째, 막내, 혼자, 쌍둥이

• **경어**

드시다, 잡수시다, 주무시다, 계시다, 편찮으시다, 돌아가시다, 댁, 성함, 연세, 분, 말씀

• **새 단어**

저희, 신문, 사장님, 아직, 돕다, 웃다, 믿다, 울다

7과

• **여행지**

산, 강, 호수, 바닷가, 해수욕장, 섬, 폭포, 온천, 미술관, 사원, 절, 성당, 민속촌, 쇼핑몰

• **새 단어**

야경, 야시장, 회, 배, 한복, 경치, 아름답다, 나무

8과

• **옷**

바지, 청바지, 반바지, 치마, 셔츠, 티셔츠, 블라우스, 스웨터, 카디건, 점퍼, 재킷, 코트, 원피스, 정장, 한복, 교복, 속옷

• **색**

빨간색, 파란색, 노란색, 까만색/검은색, 하얀색/흰색, 초록색/녹색, 주황색, 갈색, 남색, 회색, 보라색, 분홍색, 하늘색, 베이지색

• **새 단어**

양말, 어울리다, 맞다, 약속, 또, 나중에

9과

• **기분 · 감정**

행복하다, 기쁘다, 걱정되다, 외롭다, 무섭다, 슬프다, 짜증이 나다, 화가 나다, 기분이 좋다, 기분이 안 좋다, 기분이 나쁘다

• **축하하는 일**

시험을 잘 보다, 장학금을 받다, 시험에 합격하다, 아르바이트를 구하다, 회사에 취직하다, 승진하다, 남자/여자 친구가 생기다, 결혼하다

• **위로하는 일**

시험을 잘 못 보다, 시험에 떨어지다, *발표할 때* 실수하다, *물건*을 잃어버리다, *물건*이 고장 나다, 남자/여자 친구하고 헤어지다, *동생*이 아프다, *할아버지*가 편찮으시다, *할머니*가 돌아가시다, *강아지*가 죽다

• **새 단어**

받다, 그냥, 면접, 걱정하지 마세요, 아마, 글쎄요, 곧, 모든 것

10과

• **근황**

잘 지내다, 별일 없다, 정신없이 바쁘다, 잘 못 지내다

• **관계**

선배, 후배, 과 동기, 반 친구, 룸메이트, 사장님, 직장 상사, 부하 직원, 회사 동료

• **새 단어**

연락하다, 너, 푹, 모임, 오래, 뵈다, 네, 화장품

어휘 찾아보기 (가나다순)

문법 찾아보기

6과

높임말

- 높임말은 문장의 주어가 말하는 사람보다 나이가 많거나 지위가 높을 때 사용한다.
  当句子的主语比说话者年龄更大或地位更高时，需使用尊称。
- '-(으)세요'는 주어의 행동이나 상태를 높이는 현재 시제 표현이다.
  '-(으)세요' 是对主语的行动或状态表示尊敬的现在时态表达方式。

동사 형용사	받침 ○	-으세요	읽다 → 읽으세요
	받침 × ㄹ받침	-세요	크다 → 크세요 살다 → 사세요

가 아버지께서는 지금 뭐 하세요?
나 어머니하고 같이 음식을 만드세요.

-(으)셨어요

- '-(으)셨어요'는 주어의 행동이나 상태를 높이는 과거 시제 표현이다.
  '-(으)셨어요' 是对主语的行动或状态表示尊敬的过去时态表达方式。

동사 형용사	받침 ○	-으셨어요	읽다 → 읽으셨어요
	받침 × ㄹ받침	-셨어요	크다 → 크셨어요 살다 → 사셨어요

가 올리버 씨의 어머니께서는 언제부터 한국에서 사셨어요?
나 5년 전부터 한국에 사셨어요.

-(으)실 거예요

- '-(으)실 거예요'는 주어를 높이는 표현으로 앞으로의 계획이나 예정을 나타낸다.
  '-(으)실 거예요' 是对主语表示尊敬的表达方式，用于表示未来的计划或打算。

동사	받침 ○	-으실 거예요	읽다 → 읽으실 거예요
	받침 × ㄹ받침	-실 거예요	오다 → 오실 거예요 만들다 → 만드실 거예요

가 선생님은 오늘 안 오세요?
나 8시쯤 오실 거예요.

-아/어/여 주다/드리다

- 다른 사람에게 도움이 되는 어떤 행동을 함을 나타낸다.
  表示作出对他人有帮助的某种行动。

동사	ㅏ, ㅗ ○	-아 주다	사다 → 사 주다
	ㅏ, ㅗ ×	-어 주다	쓰다 → 써 주다
	하다	-여 주다	하다 → 해 주다

가 저 좀 도와줄 수 있어요?
나 네, 뭐 하면 돼요?

가 여기서 드실 거예요?
나 아니요, 포장해 주세요. 가져갈 거예요.

- '주다'는 행동을 하는 사람을 높일 때는 '주시다'로, 행동을 받는 사람을 높일 때는 '드리다'로 사용한다.
  '주다' 对实施行动的人表示尊敬时，使用 '주시다'，对接受的对象表示尊敬时，使用 '드리다'。

할아버지께서 이 시계를 저한테 사 주셨어요.
저는 할아버지께 이 시계를 사 드릴 거예요.

7과

-아/어/여 보다

- 어떤 행동을 경험하거나 시도함을 나타낸다.
  表示对某种行动的体验或尝试。

동사	ㅏ, ㅗ ○	-아 보다	가다 → 가 보다
	ㅏ, ㅗ ×	-어 보다	먹다 → 먹어 보다 듣다 → 들어 보다
	하다	-여 보다	하다 → 해 보다

가 한국에 가 보고 싶어요.
나 저는 작년에 한국에 가 봤어요. 정말 좋았어요.

-(으)ㄴ

- 동사에 붙어 뒤에 오는 명사를 수식한다. 그 동작이 과거에 일어났음을 나타낸다.
  附加于动词，以修饰后面出现的名词，表示该动作发生在过去。

동사	받침 ○	-은	읽다 → 읽은
	받침 × ㄹ받침	-ㄴ	보다 → 본 만들다 → 만든

가 어제 본 영화 재미있었어요?
나 아니요, 별로 재미없었어요.

-네요

- 말하는 사람이 새롭게 안 사실임을 나타낸다. 보통 감탄의 의미로 사용한다.
  表示说话者新知道的内容，通常用于表达感叹的意味。

동사 형용사	받침 ○	-네요	좋다 → 좋네요
	받침 × ㄹ받침		보다 → 보네요 만들다 → 만드네요

가 어, 밖에 눈이 오네요.
나 정말요?

가 여기 커피 정말 맛있네요.
나 그래서 사람들이 정말 많이 와요.

- 말하는 사람의 즉각적인 추측을 나타낼 때는 '-겠네요'를 사용한다.
  表示说话人随性的推测时，则使用'-겠네요'。

가 이거 먹어 볼래요? 제가 만든 거예요.
나 와, 정말 맛있겠네요. 고마워요.

8과

-는 것 같다/(으)ㄴ 것 같다

- 어떤 사실이나 상태에 대한 추측을 나타낸다.
  表示对某种事实或状态的推测。

동사 있다, 없다	받침 ○	-는 것 같다	입다 → 입는 것 같다 재미있다 → 재미있는 것 같다
	받침 × ㄹ받침		자다 → 자는 것 같다 살다 → 사는 것 같다

형용사	받침 ○	-은 것 같다	많다 → 많은 것 같다
	받침 × ㄹ받침	-ㄴ 것 같다	크다 → 큰 것 같다 멀다 → 먼 것 같다

가 영진 씨한테 전화했어요?
나 지금 자는 것 같아요. 전화도 안 받아요.

- 자신의 의견을 겸손하고 부드럽게 이야기할 때 사용하기도 한다.
  也可用于谦虚温和地表达自己的意见。

가 이 식당 좀 비싼 것 같아요.
나 맞아요. 그런데 음식이 맛있어요.

-(으)ㄹ게요

- 자신의 결정이나 상대에 대한 약속을 나타낸다.
  表示自己的决定或与对方的约定。

동사	받침 ○	-을게요	먹다 → 먹을게요
	받침 × ㄹ받침	-ㄹ게요	사다 → 살게요 만들다 → 만들게요

가 뭐 마실래요?
나 저는 주스 마실게요.

가 요즘 한국어 공부가 조금 힘들어요.
나 모르는 것이 있으면 제가 가르쳐 줄게요.

9과

-는데/(으)ㄴ데

- 앞의 내용이 뒤의 내용에 대한 상황이나 배경이 됨을 나타낸다.
  表示前半句成为后半句的情况或背景。

동사 있다, 없다	받침 ○	-는데	있다 → 있는데
	받침 × ㄹ받침		보다 → 보는데 살다 → 사는데
형용사	받침 ○	-은데	많다 → 많은데
	받침 × ㄹ받침	-ㄴ데	행복하다 → 행복한데 힘들다 → 힘든데

가 밖에 비가 오는데 우산이 없어요.
나 그러면 제 차를 타고 같이 가요.

- 앞의 내용이 이미 완료된 동작이나 상태이면 '-았는데/었는데/였는데'를 사용한다.
  前面的内容若是已经结束的动作或状态时，则使用'-았는데/었는데/였는데'。

가 어제 명동에 갔는데 거기에서 영화배우 정우성 씨를 봤어요.
나 정말 좋았겠네요.

-(으)ㄹ 것이다

- 어떤 사실이나 상태에 대한 추측을 나타낸다.
  表示说话者对某种事实或状态的推测。

동사 형용사	받침 ○	-을 것이다	재미있다 → 재미있을 것이다
	받침 × ㄹ받침	-ㄹ 것이다	오다 → 올 것이다 멀다 → 멀 것이다

가 웨이 씨가 이 선물을 좋아할까요?
나 네, 좋아할 거예요.

10과

반말 1(-아/어/여)

- 반말은 나이가 많은 사람이 나이가 어린 사람한테 또는 나이가 비슷한 친구나 동료 사이에서 사용한다. 대부분의 경우 아래와 같이 '-아요/어요/여요'체에서 '요'를 빼면 반말이 된다.
  平语用于年长者对年轻人或年龄相近的朋友和同事之间。大多数情况下只要像下面那样从'-아요/어요/여요'体中将'요'去掉即可变成平语。

-아요/어요/여요	→	-아/어/여
-았어요/었어요/였어요	→	-았어/었어/였어
-지요?	→	-지?
-(으)ㄹ게요	→	-(으)ㄹ게
-(으)ㄹ래요?	→	-(으)ㄹ래?

가 지금 뭐 해?
나 김밥 먹고 있어.
가 맛있어?
나 응, 괜찮아.

가 지금 바빠?
나 아니, 왜?
가 같이 점심 먹으러 갈래? 내가 살게.
나 그래. 좋아.

반말 2(-야)

- '-야'는 '이다', '아니다'에 붙는 반말체 어미이다.
  '-야'是附加于'이다'、'아니다'的平语体词尾。

명사	받침 ○	이야	학생이다 → 학생이야
	받침 ×	-야	가수다 → 가수야
	아니다	-야	아니다 → 아니야

- 계획이나 예정을 나타내는 '-(으)ㄹ 것이다'의 반말은 '-(으)ㄹ 것이야'지만 일상 대화에서는 '-(으)ㄹ 거야'를 더 많이 사용한다.
  表示计划或打算的 '-(으)ㄹ 것이다' 的平语虽然是 '-(으)ㄹ 것이야', 但在日常对话中, 使用 '-(으)ㄹ 거야' 的情况更为普遍。

가 시험이 다음 주 금요일이야?
나 다음 주가 아니야. 이번 주 금요일이야.

가 방학에 뭐 할 거야?
나 여행 갈 거야.

-(으)ㄹ

- 동사에 붙어 뒤에 오는 명사를 수식한다. 그 동작이 앞으로 일어남을 나타낸다.
  '-(으)ㄹ' 附加在动词上起到修饰名词的作用, 表示该动作将在未来发生。

동사	받침 ○	-을	먹다 → 먹을
	받침 × ㄹ받침	-ㄹ	가다 → 갈 놀다 → 놀

가 어디 가?
나 집에 먹을 게 없어서 시장에 가.

MEMO

고려대
한국어

2B
中文版

초판 발행	2019년 8월 12일
2판 발행 1쇄	2021년 6월 10일
지은이	고려대학교 한국어센터
펴낸곳	고려대학교출판문화원 www.kupress.com kupress@korea.ac.kr 02841 서울특별시 성북구 안암로 145 Tel 02-3290-4230, 4232 Fax 02-923-6311
유통	한글파크 www.sisabooks.com / hangeul book_korean@sisadream.com 03017 서울시 종로구 자하문로 300 시사빌딩 Tel 1588-1582 Fax 0502-989-9592
일러스트	최주석, 황주리
편집디자인	한글파크
찍은곳	경성문화사
ISBN	979-11-90205-00-9 (세트) 979-11-90205-76-4 04710

값 17,000원